DICTIONNAIRE TARTARE-MANTCHOU FRANÇOIS.

SUITE DES MÉMOIRES CHINOIS.

Se vend à PARIS,

Chez
{
Didot, rue Dauphine et rue Pavée.
Nyon, l'aîné, libraire, rue du Jardinet.
Née de la Rochelle, libraire, rue du Hurepoix.
Théophile Barrois, jeune, libraire, quai des Augustins.
}

A LYON, chez

Piestre et de la Molliere, libraires.

Et à STRASBOURG, chez

Amand Koenig, libraire.

Nota. On souscrit, chez les mêmes libraires, pour l'APPENDICE du DICTIONNAIRE, et les GRAMMAIRES, qui formeront un volume et demi *in-*$4°$.

On paiera 15 liv. en souscrivant, et 30 liv. en recevant le volume des *grammaires*, dont on tirera quelques exemplaires séparément en papier vélin, *prix,* 50 liv.

L'appendice, destiné à former le complément du troisieme volume, paroîtra après les grammaires.

DICTIONNAIRE
TARTARE-MANTCHOU
FRANÇOIS,

Composé d'après un Dictionnaire MANTCHOU-CHINOIS,

PAR M. AMYOT, MISSIONNAIRE A PÉKIN;

Rédigé et publié avec des additions et l'ALPHABET de cette langue,

PAR L. LANGLÈS.

TOME TROISIEME.

A PARIS,
IMPRIMÉ PAR FR. AMBR. DIDOT L'AÎNÉ,
Avec les caracteres gravés par FIRMIN DIDOT son 2.d fils.
M. DCC. XC.

DÉTAILS
LITTÉRAIRES ET TYPOGRAPHIQUES,
Sur l'édition du Dictionnaire et des Grammaires tartares-mantchoux.

LE mantchou est aujourd'hui, sans excepter même le thibétain [a], le plus savant et le plus parfait des idiômes tartares. Quoique la formation n'en soit pas très ancienne, il est plus aisé, et sur-tout plus utile d'indiquer l'époque où la nation, qui l'avoit adopté, s'occupa de le perfectionner. Elle n'avoit pas d'écriture particuliere avant *Tay-tsou-kao-hoang-ty*, le cinquieme ancêtre de la dynastie régnante à la Chine. Ce

---

[a] Le thibétain ou tangut, la langue sacrée du nord de l'Asie, doit être classé parmi les idiômes tartares; je crois pouvoir y joindre aussi le *sanskrit*, la langue sacrée des Hindoux. Ce rapprochement n'étonnera point ceux qui regardent le plateau de la Tartarie comme le berceau du genre humain.

Le thibétain renferme les livres de *Boudh* ou *Beddha*, fondateur du *sabéisme* ou *chamanisme;* le sanskrit ceux de *Brahma*, qui ne fit qu'altérer les dogmes, et s'approprier les idées du premier; en un mot, *Brahma* étoit un Sabéen hérétique, conséquemment bien postérieur à *Boudh*, dont les impostures sacrées peuvent être regardées comme les plus anciennes de toutes celles qui exercent aujourd'hui la crédulité des hommes.

En attendant que je m'occupe de prouver cette assertion par

a

prince, qui gouvernoit les Mantchoux vers le commencement du dernier siecle, chargea plusieurs savants de ses sujets, de dessiner des lettres d'après celles des Mongols [a] : ils ne firent que rectifier la forme de ces dernieres, et y ajouter certains signes, pour exprimer les sons qui leur étoient nécessaires.

Son successeur, *Tay-tsoung-ouen-hoang-ty* ordonna, en 1634, la traduction des livres chinois, et la composition d'un code de loix pour tous les peuples soumis aux Mantchoux. En 1641, un savant plein de génie, nommé *Tahai*, retoucha les lettres, et y donna un degré de perfection dont on ne les auroit jamais cru susceptibles.

---

des autorités irrécusables, recueillies avec soin, il me suffira d'ajouter ici que ce personnage s'est multiplié sous différents noms dans tout notre continent, où l'on trouve des monuments des émigrations de ses sectateurs; c'est le *Chaca* des Japonois et du royaume de Lao, le *Fó* des Chinois, le *Sommona-codom* des Siamois, le *Βούττα* des anciens Hindoux, ou Γυμνοσοφισαί, selon S. *Clément d'Alexandrie,* σρωματ. 1; le *Lama* des Thibétains, le *Baouth* des Chingulais, le *Thic ca* des Tunquinois, le *Thoth* des Égyptiens, le *Boa* des Tunguses, le *Torus* des Lappons, l'*Oudin* ou le *Woden* des nations gothiques, etc.

[a] Les lettres mongoles sont à-peu-près les mêmes que celles des Ouighours, qui ont été visiblement calquées sur le stranghélo ou ancien syriaque.

Chun-tché, le premier des empereurs de la race mantchou qui ait demeuré à la Chine, fit continuer la traduction des livres chinois, et composer des *dictionnaires* des deux langues.

Kan-hi établit un tribunal de savants également versés dans le chinois et dans le tartare : les uns travaillerent plus particulièrement encore à la traduction des ouvrages classiques ou historiques ; les autres s'occuperent d'un dictionnaire général, qui fut intitulé *Miroir de la langue tartare-mantchou*, pour lequel on n'épargna ni soins ni dépenses. On interrogeoit, sur les mots douteux, les vieillards distribués sous les huit bannieres, et l'on proposoit des récompenses à quiconque découvriroit une ancienne expression hors d'usage, et digne d'être consignée dans ce dictionnaire, qui est rédigé par ordre de matieres. Ce précieux ouvrage forme vingt-cinq volumes, et a été envoyé à la bibliotheque du roi par différents missionnaires, de maniere qu'il s'y en trouve même plusieurs éditions.

Kien-long, qui depuis cinquante-cinq années occupe le trône de la Chine, n'a pas témoigné moins d'intérêt que ses prédécesseurs pour les utiles travaux du tribunal des traducteurs. Graces aux soins des savants infatigables pensionnés depuis plus d'un siecle par ces différents souverains, *il n'existe maintenant aucun bon livre chinois qui n'ait été traduit en mantchou* [a] : ces nombreuses et fideles traductions forment une collection d'autant plus précieuse, qu'il est très difficile aux naturels même, et presque impossible aux étrangers, de consulter les textes originaux écrits en chinois. On sait que la vie de l'homme suffit à peine pour apprendre ce langage hiéroglyphique; « tandis que le mantchou, qui est dans le goût de nos langues d'Europe, a sa méthode et ses regles, qu'en un mot on y voit clair. Une personne studieuse peut en cinq ou six années se mettre en état de lire avec profit tous les livres écrits ou traduits en mantchou ». Doit-on s'étonner maintenant que, depuis la fin du siecle dernier, nos missionnaires aient donné une attention toute particuliere à cette langue, « dont la connoissance ouvriroit une libre entrée dans la

---

[a] Ce sont les expressions de M. Amyot, qui ajoute: *Ces traductions ont été faites par de savantes académies, par ordre et sous les auspices des souverains, depuis* CHUN-TCHÉ *jusqu'à* KIEN-LONG, *aujourd'hui sur le trône ; elles ont été revues et corrigées par d'au-*

littérature chinoise de tous les siecles »? [a] Les PP. *Gerbillon* et *Domenge* inviterent plusieurs savants françois avec lesquels ils entretenoient une correspondance littéraire, à étudier le mantchou, et leur envoyerent des secours dont l'on ne fit alors aucun usage. Le premier composa en latin une excellente grammaire, intitulée *Elementa linguæ tartaricæ*, imprimée sans les caracteres originaux, dans la *Collection des voyages de Melchisedech Thévenot;* l'autre rédigea, pour M. de *Fourmont*, un *Essai de méthode pour apprendre la langue des Mantchoux.* Cet ouvrage est resté manuscrit entre les mains de M. *le Roux des Hautes-rayes*, qui a bien voulu me le communiquer : il existe aussi un *dictionnaire mantchou-latin*, du P. *Verbiest*, que je n'ai pas encore pu déterrer

M. *Amyot*, si connu par ses savants travaux sur la littérature et les sciences des Chinois, n'a pas été rebuté par l'inutilité des tentatives de ses

---

tres académies non moins instruites, dont les membres savoient parfaitement et le chinois et le mantchou. Éloge de la ville de Moukden, p. *vj* de la *préface du traducteur.*

[a] *Ubi suprà.*

prédécesseurs. Il envoya au ministre chargé de notre correspondance avec la Chine, un *syllabaire*, une *grammaire* et un *dictionnaire tartares-mantchoux*. On me chargea d'examiner ces précieux manuscrits, pour juger quel parti l'on pourroit en tirer. Le desir de contribuer aux progrès des lettres, et la gloire d'introduire en Europe une langue savante, inconnue jusqu'à la fin du dix-huitieme siecle, me lancerent dans une entreprise qui pouvoit paroître téméraire ; j'osai tenter d'apprendre seul, le mantchou, avec les ouvrages élémentaires qui m'avoient été confiés.

A l'ouverture de la *grammaire*, au lieu d'alphabet, je vois avec étonnement un *syllabaire* de 1500 grouppes ; mais, en réfléchissant que ces grouppes ne peuvent être formés que de lettres, j'essaie de les analyser, et, de cette opération, que les Mantchoux n'ont pas encore faite, il résulte un *alphabet* complet de 29 lettres, dont la plupart ont trois formes, selon qu'elles sont placées au commencement, au milieu, ou à la fin d'un mot.

Ces lettres, ainsi simplifiées, facilitoient la lecture du tartare, et il étoit aisé d'en faire graver les poinçons, qui se réduisoient à un très petit nombre. Cette entreprise me paroissoit alors d'autant plus utile, que le ministre de la maison du roi venoit d'ordonner des fontes des superbes caracteres orientaux de l'imprimerie royale, ensevelis depuis un siecle dans la poussiere [a].

M. *Firmin Didot*, si avantageusement connu par les élégants chef-d'œuvres de son burin, exécuta, sous ma direction, les premiers poinçons mantchoux qu'on ait encore vus. Sans s'écarter des formes que je lui prescrivois, cet ingénieux artiste a su leur donner une grace et une délicatesse dont n'approchent pas les plus belles éditions de l'imprimerie du palais de l'empereur. Pour m'en assurer en quelque sorte la propriété, je les employai d'abord à ma dissertation intitulée *Alphabet tartare-mantchou, avec des détails*

---

[a] Ils en ont été tirés en 1787. M. *de Guignes* s'empressa d'annoncer aux savants cette heureuse nouvelle, dans un *Essai historique sur les caracteres orientaux de l'imprimerie royale*, etc., etc., placé à la tête du premier volume des *Notices et Extraits des manuscrits du roi*, etc. J'avouerai que cet académicien ne me paroît pas heureux dans ses recherches. D'après des pieces dont les auteurs étoient mal informés, il est porté à croire que «les caracteres arabes, persans et syriaques de l'imprimerie royale furent faits en Levant, par les soins de M. *Savary de Brèves*, ambassadeur de France à la Porte». Voilà ce qu'il sera difficile de persuader à quiconque connoît toute l'imperfection des imprimeries qui ont existé momentanément dans ces contrées. Comment M. *de Brè*-

sur *les lettres et l'écriture des Mantchoux*, 1787,
in-4°. C'est le premier ouvrage sur cette langue
imprimé en Europe avec les caracteres originaux.

Ces différents travaux n'empêchoient pas que
je ne m'occupasse de la rédaction du *dictionnaire mantchou-françois*. Enfin il fut en état d'ê-
tre mis sous presse, et les deux premiers volumes en sortirent dans le cours de l'année derniere.

Il auroit été possible de publier le troisieme
volume à la fin de la même année; mais des raisons particulieres, qui tenoient au nouvel ordre

---

ves auroit-il pu y trouver ou bien y former un artiste capable de
tailler différents corps d'arabe, de persan et de syriaque, dont le
système annonce une profonde connoissance de la typographie
orientale? Or à la même époque, cet art étoit porté à sa plus
haute perfection par *Etienne Paulin*, graveur de Rome : ce fut
lui en effet qui exécuta les caracteres dont il s'agit, et on y
reconnoît aisément le burin de ce célebre artiste, qui travailla
aussi pour la belle imprimerie des *Médicis*. L'histoire vient entièrement à l'appui de mon assertion. M. *Amaduzzi*, dans la préface du catalogue des livres de la Propagande, imprimé à Rome
en 1773, nous apprend « qu'*Etienne Paulin*, célebre graveur de
caracteres étrangers, avoit été formé par le savant *J. B. Raymond*,
fondateur de l'imprimerie du Vatican sous Sixte V, et qu'il tailla
pour celle de la Propagande, sous la direction de F. Ingoli, secré-
taire de cette congrégation ».

de

de choses, m'obligerent de cesser l'impression à-peu-près vers la moitié du volume. Je me suis d'autant plus volontiers déterminé à livrer cette moitié, qu'elle forme le complément du *dictionnaire*. Cet ouvrage, malgré son mérite, ne peut être utile qu'avec le secours des *grammaires*, que je devois y joindre : maintenant je n'ai d'autre moyen de les procurer aux savants, qu'en leur proposant une souscription dont on trouvera les conditions au *verso* du *faux-titre* de cet ouvrage.

Avant de parler de ces *grammaires*, qui formeront un volume séparé, il faut donner l'énumération des pieces destinées à compléter le troi-

---

Il travailla, sous les pontificats de *Grégoire XIII*, en 158,... et de ses successeurs, jusqu'en 162,... M. *Savari de Brèves*, à son retour du Levant, en 1612, fut envoyé en ambassade auprès de *Paul V*. Son premier soin, en arrivant à Rome, fut de se procurer des caracteres orientaux. Il en obtint d'autant plus aisément, que le souverain pontife cherchoit depuis long-temps les moyens de témoigner sa reconnoissance à ce ministre, qui avoit été très utile aux missionnaires du Levant. En 1613, il fit imprimer, avec ses nouveaux caracteres et à ses frais, un catéchisme arabe; en 1614, un pseautier dans la même langue. Bientôt après il fit transporter ses types à Paris, où il amena *Etienne Paulin*. Ce graveur-imprimeur publia quelques ouvrages dans notre capitale, forma des ouvriers à la difficile manipulation de ses caracteres, et retourna ensuite à Rome.

sieme. Je me propose d'y insérer, 1°. une table générale de tous les mots mantchoux renfermés dans le *dictionnaire*, avec le numéro des pages où se trouve répété chacun de ces mots, auxquels j'ai ajouté une courte explication latine, ce qui forme une espece de petit *dictionnaire mantchou-latin*. J'ai entrepris ce travail en faveur de certains savants étrangers, qui pourroient n'être pas assez familiarisés avec la langue françoise pour se servir couramment du *dictionnaire tartare-mantchou-françois;* dans cette même table est fondu un *appendice* assez considérable de significations, et même de mots omis par M. *Amyot*, et puisés dans d'excellentes sources, qui seront indiquées avec exactitude.

2°. On y trouvera aussi un petit *dictionnaire géographique* de la Tartarie, du pays des Mongols, de celui des Calmouks, du Thibet, de la Corée, etc., dans lequel les noms de lieux seront écrits en caracteres mantchoux.

3°. Une table de tous les mots chinois tartarisés: je me proposois d'y joindre les planches des caracteres, mais plusieurs savants m'ont dissuadé de faire une dépense qu'ils regardent comme très tinutile.

Par le moyen de toutes ces additions, le troisieme tome du *Dictionnaire mantchou-françois* ne sera pas moins volumineux que les précédents.

Le quatrieme volume, dont il est parlé ci-dessus, renfermera quatre *grammaires mantchoux,* avec des dialogues de différents auteurs.

La *grammaire* de M. *Amyot* mérite sans doute la premiere place; elle sera précédée de l'énorme syllabaire d'où j'ai extrait mon *alphabet mantchou*, et suivie des *Elementa linguæ tartaricæ,* par le P. *Gerbillon:* il a fallu y ajouter, ainsi qu'à la grammaire de M. *Amyot,* les caracteres originaux omis dans le texte imprimé, qui est aujourd'hui extrêmement rare. Cet ouvrage sera d'une grande utilité pour les savants, à qui je destine mon petit *Dictionnaire mantchou-latin.*

Je placerai ensuite l'*Essai de méthode pour apprendre le tartare,* par le P. *Domenge,* avec d'excellents dialogues et des notes grammaticales par le même savant. Ces dialogues seront imprimés à deux colonnes, dont l'une contiendra le texte mantchou, que j'ai composé d'après la prononciation; l'autre cette même prononciation, avec la traduction françoise. Quant aux notes grammaticales, qui sont assez considérables, elles se trouveront au bas de chaque page, avec des renvois très exacts : on les distinguera aisément de celles que j'ai ajoutées à ces différentes *grammaires*, pour établir, entre elles et le *dictionnaire*, une espece de concordance.

La quatrieme grammaire m'a été dernièrement envoyé de la Chine par M. *Raux,* missionnaire; elle est intitulée MÉTHODE *pour apprendre les caracteres et la langue des Tartares-Mantchoux,* extraite de la grammaire sinico-tartare-mantchou, intitulée en chinois : Tsing ouen ki mong, *et en* mantchou

ᠮᠠᠨᠵᡠ ᡥᡝᡵᡤᡝᠨ ᡴᡳᠰᡠᠨ ᠪᡝ ᠰᡠᠸᠠᠯᡳᠶᠠᠮᡝ ᡨᠠᠴᡳᡵᡝ ᡴᠣᠣᠯᡳ

mantchou herguen kisoun pe soualiame tatsire koly; (Mantchou caracteres sermonemque complectendo didiscendi regulæ).

Cependant je ne possede encore que la premiere partie, qui contient les douze classes de l'*alphabet* ou *syllabaire*, avec des explications et des dialogues mantchoux-latins. On trouve partout le caractere tartare, et la prononciation en lettres françoises. Ce savant missionnaire a réservé les notes des *dialogues* et la seconde partie de la *grammaire* pour le prochain envoi.

Il me reste donc à publier un volume et demi

in-4°. Mes manuscrits sont tout prêts, et les peines qu'ils m'ont coûtées sont de sûrs garants de mon empressement à les communiquer au public par la voie de l'impression, aussitôt qu'il m'en procurera les facilités. Les fonctions de l'éditeur ou rédacteur de pareils ouvrages, sont assez importantes pour que sa réputation influe beaucoup sur leur réussite; mais comme il ne m'appartient pas de vouloir porter aucun jugement sur mes propres travaux, il me sera au moins permis de présenter celui de M. *Amyot*. Je terminerai donc cet écrit par l'extrait d'une de ses lettres, adressées à M. *B*., et la copie de celle qu'il m'a fait l'honneur de m'écrire.

Extrait d'une lettre de M. Amyot, écrite de Pékin, le 10 octobre 1788, à M. B.

.... Je ne desirerois pas moins que vous qu'il y eût quelqu'un en France qui entendît assez de chinois pour être en état de traduire les bons livres qui sont sortis des presses impériales. Si le hazard me procure l'acquisition de quelqu'un de ces livres, traduits en tartare-mantchou, je ne manque-

rai pas de lui faire passer les mers, pour vous mettre à même de profiter du talent de M. *Langlès*, dont j'ai reçu les ouvrages avec un vrai plaisir. . . . .
. . . . Ce qu'il a fait sur la langue des Mantchoux est très bien : cependant il eût mieux fait, à mon avis, d'écrire à la maniere des Mantchoux, c'est-à-dire perpendiculairement ou de haut en bas, que d'écrire horizontalement, comme il l'a fait. Ce petit défaut, si c'en est un, n'empêche pas que ceux qui sont rompus dans la connoissance des lettres ne puissent les lire avec la même facilité. Je vous prie de vouloir bien lui présenter de ma part le juste tribut de l'estime que j'ai pour ses talents, et de la reconnoissance que je lui dois pour l'usage particulier qu'il en a fait en faveur de la GRAMMAIRE et du DICTIONNAIRE de la langue des Mantchoux, Si la peine qu'il a bien voulu prendre pour l'édition de l'une et de l'autre n'est pas au profit de ces littérateurs qui ne dirigent leurs études que vers ce qui peut les conduire à la gloriole du bel esprit, elle sera prisée, comme elle doit l'être, par le petit nombre de ces savants qui, dans leurs travaux littéraires, préferent toujours l'utile à ce

qui n'est qu'agréable. La GRAMMAIRE et le DIC-
TIONNAIRE que leur offre M. *Langlès*, leur ou-
vriront l une des portes par laquelle ils pourront
entrer à l'aise dans le vaste magasin de la littérature chinoise; et les missionnaires qui viendront
dans la suite à Pékin pourront en profiter pour
faciliter leurs études et en abréger le cours.

Lettre de M. Amyot à M. Langlès.
Pékin, ce 8 août 1788.

MONSIEUR,

Il est fâcheux pour moi de n'avoir pas reçu la
lettre que vous m'avez fait l'honneur de m'écrire,
assez tôt pour y répondre par le retour des vaisseaux de la mousson derniere; je me serois fait
un vrai plaisir de vous donner, sur la langue des
Mantchoux, tous les éclaircissements que vous
desirez: ce délai est tout à votre avantage, puis-
qu'il vous procure la correspondance de M. *Raux*,
qui a déja fait les plus grands progrès dans l'étude
de cette langue, et qui continue de s'en occuper,
à l'aide de trois ou quatre maîtres qui partagent

auprès de lui tout le loisir qu'il peut avoir dans le courant de la journée. Comme il est tout entier encore dans les éléments des *lettres* et de la *grammaire*, il est beaucoup plus en état de vous satisfaire que je ne peux l'être moi-même, dont les occupations me jettent dans des études opposées. C'est ce qui m'a déterminé à le prier de vouloir bien tenir ma place dans cette occasion, la plus favorable qu'il puisse rencontrer pour donner cours à son zele pour le mantchou. Il a accepté la commission, et s'est mis tout de suite en devoir de la remplir dans tout le détail qu'elle exige. Vous me saurez gré sans doute d'un échange qui tourne au profit de la chose, et vous serez charmé d'avoir pour compagnon et pour émule, dans la carriere où vous êtes entré, un athlete digne de vous seconder, ou de combattre avec vous. Puissiez-vous la fournir l'un et l'autre pendant de longues années, pour l'avantage des lettres et la gloire de ceux qui les cultivent!

J'ai l'honneur d'être, etc.

Signé *Amyot, m. a.*

KE

ᛌᛟᛂᚱᛖ ᚻᛖᚱᚷᚢᛖᚾ. *sere herguen*.

ᚲᛖ. *ke*. Particule dont on se sert pour exprimer sa surprise. Un quart d'heure composé de quinze minutes.

ᚲᛖᚾᛖᚻᛟᚢᚾᛏᚲᚻᛖᛗᛒᛁ. *kenehountchembi*. Soupçonner, douter.

ᚲᛖᚲᚻᚲᛖ. *kechke*. Chat, animal. (*Mao* en chinois.)

ᚲᛖᚾᛖᚻᛟᚢᚾᛏᚲᚻᛖᛒᛟᚢᛗᛒᛁ. *kenehountcheboumbi*. Faire soupçonner. Être soupçonné.

ᚲᛖᚾᛖᚻᛟᚢᚾᛏᚲᚻᛖᛏᚲᚻᛟᚢᚲᛖ. *kenehountchetchouke*. Douteux, qu'on doit soupçonner. Cela se dit aussi de ceux qu'on doit juger, et sur lesquels ils n'y a pas de preuves suffisantes pour les faire condamner.

ᚲᛖᛋᛖᚱ ᛋᛖᛗᛖ. *keser seme*. Cela se dit du bruit qu'on fait en mangeant des choses dures, par exemple, qui craquent sous la dent.

ᚲᛖᚲᚻᛖ. *keche*. Bienfait d'un maître à l'égard de son domestique ou de son esclave. Bienfait du ciel. Bonheur.

ᚲᛖᚲᚻᛖ ᛋᛁᛗᛖᚻᛖ. *keche simehe*. Avoir rendu service à quelqu'un. Avoir comblé quelqu'un de bienfaits.

ᚲᛖᚲᚻᛖ ᛏᛖ ᚻᛖᚾᚲᛁᛚᛖᛗᛒᛁ. *keche te henkilembi*. Se prosterner à terre pour remercier d'un bienfait.

ᚲᛖᚷᛖᚾᚷᚢᛖ. *kegengue*. Chose qui tient du bienfait. Bienfait. Qui appartient au bienfait.

kegeke fatha. Nom d'une plante sauvage dont les feuilles ressemblent à la patte d'un chat, mais elles sont un peu plus petites.

kejeri majeri. Mal proprement. Maussadement. Qui fait les choses d'une maniere dégoûtante. On dit aussi *kese masa.*

kejeri megeri emou outou kisoun pahanambi. Il a appris mal et méchamment, tellement quellement quelques paroles.

keche be touakiara tchanguin. Nom d'un officier du dixieme ordre parmi les officiers généraux.

keiereboumbi. Ordonner de faire la revue, d'examiner si tout est dans l'ordre pendant la nuit, de faire sa ronde, etc.

kejeri majeri emou outou aha pi. J'ai quelques esclaves assez malpropres.

kete kata. Bruit qu'on fait avec les dents en mangeant de petites choses. Bruit que font les bêtes de somme en marchant sur des pierres.

ketere. Ordonner de faire la revue, de faire la ronde, d'examiner si tout est dans l'ordre.

keterembi. Faire sa ronde pendant la nuit dans les endroits où il y a beaucoup de chevaux, etc., pour empêcher les voleurs et les loups, etc. Faire sa ronde, faire la revue pour voir si tout est dans l'ordre.

⵰⵰⵰. *keterchembi.* Dire des paroles contraires à la charité. Médire de quelqu'un.

⵰⵰⵰ ⵰⵰⵰. *keler kalar.* Cela se dit de quelque chose qui s'est séparé, dont les parties ne sauroient se joindre, où il s'est fait des fentes. Avoir une mine refrognée, un air moqueur et suffisant, une conduite hétéroclite. Cela se dit aussi des chevaux qui n'ont point de force, et qui ne marchent pas bien.

⵰⵰⵰ ⵰⵰⵰ ⵰⵰⵰ ⵰⵰⵰. *keler kalar seme achchambi.* Quelque chose qui s'est séparé, dont les parties ne sauroient se joindre, et sont branlantes.

⵰⵰⵰ ⵰⵰⵰. *keleng kalang.* Quelque chose qui est mobile, qui n'est pas fort, etc.

⵰⵰⵰ ⵰⵰⵰ ⵰⵰⵰ ⵰⵰⵰. *keleng kalang oumeche soula.* Cheval ou telle autre bête qui ne vaut rien, qui n'est ni forte ni agile. (⵰⵰⵰. *kartchashoun.*)

⵰⵰⵰. *keli.* Beaux-frères, personnes qui ont épousé les deux sœurs.

⵰⵰⵰. *kemin.* Trou ou tuyau des os dans lesquels est la moëlle et le sang des hommes et des animaux.

⵰⵰⵰. *kemouni.* C'est encore comme cela. Derechef. Comme cela encore. Continuellement. Habituellement.

⵰⵰⵰ ⵰⵰⵰. *kemouni ouende.* Pas encore.

⵰⵰⵰ ⵰⵰⵰. *kemouni tchafachambi.* Apprendre continuellement. Se rappeller continuellement une chose pour ne pas l'oublier.

⟨⟩. *kemoun.* Mesure, carte. Mesure à mesurer les longueurs, largeurs et profondeurs ; comme le pied, etc. On dit encore ⟨⟩ ⟨⟩, *kemoun touroun.*

⟨⟩. *kemoungue.* Qui a une contenance gracieuse, agréable. Qui agit avec poids et mesure. Qui prend un juste milieu dans tout ce qu'il fait et dit. Avec mesure. Qui ne se rebute pas des difficultés. Qui fait ce qui est de son devoir. Avec regle, sans tumulte ni confusion.

⟨⟩ ⟨⟩. *ketcher seme.* Par amas. Cela se dit d'une quantité de petites choses qui sont ensemble. Plusieurs petites pieces cousues ensemble qui font un tout assez grand. On dit alors ⟨⟩ ⟨⟩ ⟨⟩, *ketcher seme atambi.*

⟨⟩. *ketchou.* État déplorable. Mauvaise situation. Arrogance brutale. Insolence, etc.

⟨⟩. *ketchoutembi.* Avoir une contenance mauvaise, pleine d'orgueil, d'arrogance et de brutalité.

⟨⟩. *ketchine.* Un peu de temps. Beaucoup de temps.

⟨⟩ ⟨⟩. *ketchine oho.* Il y a déja un peu de temps.

⟨⟩ ⟨⟩. *ketchine pi.* Il y en a beaucoup, en grande quantité.

⟨⟩. *keke.* Belle-sœur aînée, (du côté de la femme ou du côté du mari.)

ᠻᠡᠬᠡ ᠺᠠᠬᠠ. *keke kaka.* Bégayer. En bégayant; comme lorsqu'on a de la peine à parler.

ᠻᠡᠬᠡᠷᠡᠮᠪᠢ. *kekerembi.* Roter. Faire des rots lorsqu'on a beaucoup mangé.

ᠻᠡᠬᠦ. *kekou.* Luette. On dit aussi ᠢᠯᠮᠠᡥᠠ. *ilmaha.*

ᠻᠡᠬᠦ ᠤᠮᡳᠶᠠᡥᠠ. *kekou oumiaha.* Nom d'une espece d'insecte qui mange les feuilles d'arbres; il y en a de toutes les couleurs : son corps est velu. Chenille.

ᠻᠡᠷᠡᠮᡠ. *keremou.* Les créneaux des murailles. Murailles de terre qu'on bâtit aux environs des campagnes ou des maisons.

ᠻᠡᠬᠦᡥᠡ. *kekouhe.* Nom d'un oiseau de proie; c'est une espece d'épervier : il est de couleur tirant sur le blanc. On l'appelle aussi ᠲᠣᡠᡨᠣᡠ. *toutou.*

ᠻᠡᠷᠦ. *kerou.* Cicogne. On l'appelle aussi ᡥᠣᠯᠣᠨ ᠺᠠᡥᠠ. *holon kaha.*

ᠻᠡᠷᡠᠨ. *keroun.* Punition en usage chez les Mongoux. C'est une espece d'amende qu'on leur impose pour des fautes qui ne sont pas bien considérables. (ᠻᠡᠷᡠᠨ ᠺᠠᡳᠮᠪᡳ. *keroun kaimbi.*)

ᠺᠡᡨᡝᠺ ᠺᠠᡨᠠᠺ. *ketek katak.* Bruit que font des charrettes quand elles roulent sur des chemins raboteux.

ᠺᠡᡳ ᠰᠡᠷᡝ ᡥᡝᠷᡤᡠᡝᠨ. *kei sere herguen.*

ᠺᠡᡳᡦᡳᠰᠣᡠ. *keipisou.* Drap ou étoffe faite de poils de bœuf ou de laine : on en fait des couvertures de lit.

ᠺᠡᡳᠺᡝ. *keike.* Qui est de côté. Qui n'est pas droit. On dit aussi ᠣᡠᡵᡥᠣᡠ ᠺᡝᡳᡴᡝ. *ourhou keike.* Qui a de la partialité. Qui n'a pas de droiture.

keiketembi. Agir avec partialité. Agir sans droiture.

keike akou. Sans partialité. Avec droiture.

keikeltcheme. Aller de côté. On dit alors *keikeltcheme yaboumbi.* On dit encore *ourhoucheme yaboumbi.*

keifou. Fleche dont le fer est tout d'une venue, c'est-à-dire également gros par-tout.

keikouhen. Nom d'une espece d'oiseau qui ressemble à une oie qui seroit noire : cet oiseau se nourrit de grenouilles; son dos est bleu : il est plus gros que celui qu'on appelle *touo eulh* en chinois.

keire. Nom d'une espece de cheval dont la criniere et la queue sont noires.

ker sere herguen.

ker. Bruit qu'on fait en rotant lorsqu'on a trop mangé.

kersen. La poitrine des animaux, c'est-à-dire la chair qui est entre les deux jambes de devant, sous le cou.

kerme. Nom d'une espece de poisson de mer qui ressemble à celui qu'on appelle *tao tsee* en chin. Il est de couleur verte.

kermeïin nimaha. Nom d'une espece de poisson de mer long de deux mains ouvertes et très gras : il ressemble à celui qu'on appelle *keihoule nigeha.*

kertchimbi. Dépecer un animal qu'on a tué, le couper par morceaux, par quartiers. On dit aussi *tatarambi.*

kertchiboumbi. Ordonner de dépecer, de couper par quartiers une bête qu'on a tuée. On dit aussi *tataraboumbi.*

kertchihe yenli. Viande coupée en travers. Quartier de viande, etc.

kerkeneme. Avoir des amas de gravures de petite vérole, comme l'écorce du *noan mou.*

kerkenehepi. Il est criblé de petite vérole.

kerkimbi. Aboyer. Cela se dit des chiens qui sont en colere contre quelqu'un, et qui aboient contre lui sans discontinuer. Jouer de l'instrument appellé *po ki* en chin. On joue de cet instrument en passant un bambou par-dessus.

ken sere herguen.

kentele nigeha. Nom d'une espece de poisson de mer, qui ressemble à celui qu'on appelle *fang keou pang teou yu* en chinois.

kentche. Homme foible et petit.

keng sere herguen.

keng. Toux. Bruit qu'on fait en toussant.

keng kang. Bruit de plusieurs personnes qui toussent en même temps. Bruit de plusieurs personnes qui veulent cracher.

⌒╌⌒⫶. *kengsé.* Ardemment. Avec ardeur. Avec soin et attention.

⌒╌⌒⫶╪╪⊖ᴎ. *kengselembi.* Faire avec ardeur quelque chose, le faire promptement. Être exact et expéditif dans ses discours et dans ses actions.

⌒╌⌒⫶╪╪⊖⊖⊖ᴎ. *kengseleboumbi.* Ordonner d'être expéditif dans ses paroles et dans ses actions.

⌒╌⌒⫶ ⋎╌⫶⫶⫶. *kengsélasha.* Par abréviation. Beaucoup de choses en peu de paroles. Vîte et bien.

⌒╌⌒̊╌⊖⫶. *kengtehoun.* Cela se dit de ceux qui sont grands, et qui se voûtent. Voûté, courbé. Cela se dit des chevaux d'un même haras qui sont plus hauts que les autres. (⌒╌⌒̊╌⊖⫶ ⋎╌⊖ᴎ, *kengtehoun amba.*)

⌒╌⌒⫶⊖ᴎ, *kengtchehepi,* (prétérit de ⌒╌⌒⫶⊖ᴎ, *kengtchembi.*) Cela se dit des creux qui se font à une chose foible, lorsqu'elle heurte contre une plus forte. On dit aussi ⌒╌⌒⫶╪⊖ᴎ, *kengsetchembi.*

⌒╌⌒ ⌒╌⌒ ⫶⫶⫶. *keng keng seme.* Le bruit qu'on fait en frappant la terre du front.

⌒╌⌒⫶⊖ᴎ, *kengkechembi.* Aimer fort un mets, une boisson. Mets ou boisson qu'on goûte plus que les autres. Aimer tendrement quelqu'un. Penser continuellement à quelqu'un qu'on aime ; comme on pense à boire et à manger lorsqu'on a bien faim.

⌒╌⌒⌒̊⊖ᴎ, *kengkehepi.* Cela se dit de la terre qui, étant extrêmement seche, s'en va comme en poussiere. Cela se dit encore de ceux qui, ayant extrêmement faim, sautent avidement sur ce qu'ils trouvent à manger.

kengueri. Les parties de devant d'une bête morte. *Niao tsiao* en chinois.

kenguehoun. Cela se dit de ceux qui n'ont que la peau et les os, dont la poitrine est enfoncée, et qui ont la tête dans les épaules.

kenguin. Nom d'une espece de poisson de mer qui ressemble à un ours qui auroit le corps d'un poisson. Les mariniers craignent fort ce monstre.

kengjembi. Cela se dit du cri de l'oiseau appellé *pou kieou* en chinois. Cela se dit encore d'une toux seche. Tousser sans cracher. Cela se dit également de l'espece de toux des chevaux, des ânes, des mulets, etc.

kek sere herguen.

kek seme. Avec joie. Avec épanouissement de cœur. En tressaillant d'aise.

kekte kakta. Bruit qu'on fait en marchant sur un chemin raboteux.

kek sehe. Avec joie. Avec effusion de cœur. En tressaillant d'aise; comme lorsqu'on retrouve un ami qu'on n'avoit pas vu depuis long-temps: ou bien, lorsqu'on ne sauroit s'exprimer soi-même, et qu'on trouve quelqu'un qui devine ce que nous voulons dire, et qui le fait valoir.

kes sere herguen.

kes Avec frayeur; comme lorsqu'on passe sur une montagne pleine de précipices. On dit aussi *kes sere*.

kes sere pa. Montagne escarpée. Pics pointus et tranchants comme une hache.

kes seme laktchaha. Cela se dit des ficelles, cordes, etc., qu'on coupe et qu'on rompt en les tirant. Cela se dit de même des choses que l'on coupe tout d'un coup et fort aisément avec un couteau, etc. Alors on dit *kes seme faitaha.*

kep sere herguen.

kep seme. D'un air très affable. D'un air plein d'affection. D'un air très fatigué. Cela se dit aussi des choses qu'on laisse tomber. Comme en se laissant tomber.

kep kap seme. D'un air tendre et affectionné. On dit encore *kep seme.* D'un air plein d'amitié.

kep seme chataha. J'ai le corps très fatigué.

kep seme touheke. Quelque chose qui est tombé par terre.

kepsé. Un peu trop.

kepse ekiehe. Quelque chose dont on a un peu, trop peu.

kel sere herguen.

keltehe. Nom mogol d'une espece de poisson, qui s'appelle en mantchou *ongochon.*

kelterhen. Nom d'une espece d'oie qui s'appelle aussi *tchitchirhan.*

𐒋𐒉𐒍𐒑𐒐𐒉. *kelfimbi.* Lorsque le soleil a passé un peu son méridien. Lorsque le vaisseau va un peu de côté.

𐒋𐒉𐒍𐒑𐒐𐒉. *kelfichembi.* Cela se dit des vaisseaux qui, par un trop grand vent, vont sur le côté, des bêtes fauves qui se sauvent; et de ceux qui parlent peu sincèrement. Etre indéterminé. Ne savoir à quoi se déterminer.

𐒋𐒉𐒍𐒑𐒐𐒉 𐒋𐒉𐒍𐒑𐒐𐒉. *kelfichemefekjembi.* Courir comme les cerfs et les chevres sauvages, etc.

𐒋𐒉𐒑 𐒐𐒋𐒐 𐒋𐒉𐒑. *kem sere herguen.*

𐒋𐒉𐒑. *kemne.* Ordonner à quelqu'un de comparer, d'examiner une chose avec une autre, d'être exact dans ses dépenses, etc.

𐒋𐒉𐒑𐒐𐒉. *kemnembi.* Mesurer ses dépenses sur ses revenus. Comparer une chose avec une autre. Mesurer avec le compas. Compasser, proportionner, etc.

𐒋𐒉𐒑𐒐𐒉. *kemneboumbi.* Ordonner de comparer, de supputer ce qu'on a à dépenser, et de ne pas dépenser au-delà; d'être exact dans ses affaires, etc.; de mesurer, de proportionner.

𐒋𐒉𐒑𐒐𐒉. *kemkimbi.* Aboyer contre quelqu'un; comme les oies, etc.

𐒋𐒉𐒑𐒐𐒉. *kemnen akou.* Il n'y a aucune mesure en cela. Il n'y a point de proportion. Sans poids ni mesure, *ab hoc et ab hac.*

𐒋𐒉𐒑 𐒐𐒋𐒉𐒑. *kemki kamki.* Avec importunité, sans honte ni vergogne; comme lorsqu'on demande quelque chose, et qu'on ne se rebute point, soit qu'on soit refusé ou non.

ke sere herguen.

ke. Beau-frere. C'est la femme qui appelle ainsi le frere aîné de son mari.

kete. Les beaux-freres. C'est la femme qui appelle ainsi les freres de son mari.

kene. Va : (impératif du verbe suivant.)

kenembi. Aller.

kenebini. Demander à quelqu'un s'il est allé.

kenetchi. Si je vais. S'il va, etc.

kenehe. Il est allé.

kenetchina. Qu'il aille. Eh bien j'irai.

kenehe seme. Quoiqu'il soit allé. On met avant, la particule *outou*.

keneme. Aller. On met après, quelques autres mots.

kenetele. Jusqu'à ce qu'il aille.

kenehele. Toutes les fois qu'il est allé.

kenehengueou. Est-il allé? C'est une interrogation.

kenehekoule. Il n'est point du tout allé.

kenere. J'irai, il ira, etc. On met après, quelques autres mots. C'est le futur de *kenembi*.

kenemeou. Faut-il aller? etc.

kenefi. Allant : c'est le participe présent de *kenembi*.

⳽⳽⳽⳽ ⳽⳽⳽⳽, *kenehe nikai.* Il est donc allé? On met avant, le mot ⳽⳽⳽⳽, *toule.*

⳽⳽⳽⳽. *kenereleme.* Sur le point d'aller.

⳽⳽⳽⳽ ⳽⳽⳽⳽. *kenehe semeou.* Voulez-vous aller? Veut-il aller? Est-il allé? etc.

⳽⳽⳽⳽ ⳽⳽⳽⳽. *kenehe ouakou.* Il n'est donc pas allé? Il n'est point du tout allé?

⳽⳽⳽⳽ ⳽⳽⳽⳽. *kenetchi kenetchina.* S'il veut aller, qu'il aille. S'il est allé, à la bonne heure.

⳽⳽⳽⳽ ⳽⳽⳽⳽ ⳽⳽⳽⳽. *keneki setchi kenetchina.* S'il veut aller, qu'il aille, etc.

⳽⳽⳽⳽ ⳽⳽⳽⳽. *kenetchi kenekini.* S'il veut aller, qu'il aille, il est le maître d'aller.

⳽⳽⳽⳽ ⳽⳽⳽⳽ ⳽⳽⳽⳽. *keneki setchi kenekini.* S'il veut aller, qu'il aille.

⳽⳽⳽⳽. *keneki.* Invitation d'aller; comme lorsqu'on invite quelqu'un d'aller.

⳽⳽⳽⳽. *kenekini.* Qu'il aille, etc.

⳽⳽⳽⳽ ⳽⳽⳽⳽. *kenehe aisé.* Il est peut-être allé. Il sera allé là. Alors on met avant ⳽⳽⳽⳽, *aintchi.* Je crois qu'il est allé.

⳽⳽⳽⳽ ⳽⳽⳽⳽, *kenehe tere.* Je crois qu'il est allé. On met avant ⳽⳽⳽⳽, *aintchi.*

⳽⳽⳽⳽. *kenehengue.* Étant allé.

⳽⳽⳽⳽. *kenerengue.* En allant.

⳽⳽⳽⳽ ⳽⳽⳽⳽, *kenetchi otchorakou.* Il ne faut pas aller. On ne doit pas aller.

kenefi hono outou pade kenerakou be ai hentoure. En allant, cela est ainsi; en n'allant pas, que sera-ce donc?

kenetchi otchorongue. Où il faut aller. Où on peut aller.

kenetchi otchorakoungue. On ne sauroit aller. On ne peut pas aller.

kenetchi otchorakoungue akou. Il n'y a pas de nécessité de ne pas aller.

kenetchi otchorakou pa akou. Il n'y a pas lieu de ne pas aller. Je ne vois pas qu'on ne puisse pas aller.

kenetchi otchoro pa akou. Il n'y a aucune nécessité d'aller.

kenere pa akou. Il n'y a point lieu d'aller.

kenere pa akoungue akou. Il n'y a pas lieu de ne pas aller.

kenere angala kenerakou te igerakou. A aller ainsi, il vaut mieux ne pas aller.

kenehekoungueou. Interrogation par laquelle on demande : N'est-il pas encore allé?

kenere ouende. Avant que d'aller.

keneme ofi. Parcequ'il va. Parceque je vais.

⸎⸎⸎ ⸎⸎ ⸎⸎⸎. *kenere be tahame.* Parcequ'il va aller.

⸎⸎⸎. *kenehekou.* Il n'est pas allé.

⸎⸎⸎ ⸎⸎ ⸎⸎⸎. *kenehe be tahame.* Parcequ'il est allé.

⸎⸎⸎ ⸎⸎⸎. *kenehe pihe.* J'étois allé.

⸎⸎⸎. *keneheou.* Est-il allé ? On met avant, ⸎⸎⸎. *maka,* etc.

⸎⸎⸎ ⸎⸎⸎. *keneki sembi.* Il veut aller.

⸎⸎⸎⸎. *kenerakoun.* Vous n'irez pas ? C'est une interrogation.

⸎⸎⸎⸎. *kenerakouni.* Je n'irai point ?

⸎⸎⸎⸎⸎. *kenerakoungueou.* N'irez-vous pas ?

⸎⸎⸎⸎. *kenerakoungue.* Il n'ira pas. On dit encore ⸎⸎⸎. *kenerakou.*

⸎⸎⸎. *kenembini.* Je vais, ils vont, etc.

⸎⸎⸎ ⸎⸎⸎. *kenerakou ainara.* Je n'irai pas, etc. Eh bien ?

⸎⸎⸎. *kenerahou.* Je crains d'aller.

⸎⸎⸎ ⸎⸎⸎. *kenerakou ainaha.* En n'allant pas, qu'est-il arrivé ?

⸎⸎⸎. *kenembihede.* Dans le temps que j'allois, etc.

⸎⸎⸎ ⸎⸎⸎. *kenehe aieou.* Je crains qu'il ne soit allé.

⸎⸎⸎ ⸎⸎⸎. *kenerakoutchi otchorakou.* Il ne peut pas ne pas aller.

kenere tchakade. Lorsqu'il alloit. Parcequ'il alloit.

kenerakou otchi otchorakou. S'il ne va pas, cela ne vaut rien.

kenere ohode. Si je vais. S'il va. Dans le temps que j'irai. Comme j'irai.

keneme ohode. Comme il alloit.

kenere ongolo. Avant que d'aller.

kene oso. Dire à quelqu'un qu'il aille; comme si l'on disoit: Allez, m'entendez-vous?

kene oso akou. Avant que d'aller.

kenere itchi. Penser à aller.

kenere de. En allant.

kenehe de. Dans le temps que je suis allé.

kenere ouentengue. Avant que d'aller.

kenerakoungue akou. Il n'en est point qui ne soit allé.

keneme saka. A peine j'allois.

kenehe saka. A peine j'étois allé. A peine je suis allé.

kenerengue akou. Personne ne va. Aucun n'ira.

kenerengue pi. Il y en a qui iront.

kenerakoungue pi. Il y en a qui n'iront pas.

keneme otchi. Si je vais. S'il va.

kenetchi otchi. S'il faut aller.

kenerengueou. Irez-vous? Ira-t-il? Interrogation.

kenetchi otchoro. Lorsqu'il faudra aller. Il y a après, quelques autres mots.

kenetchi otchoro ohode. Si lorsqu'il faut aller... Si lorsqu'il faudra aller...

kenereou. Irez-vous?

kenetchi otchoro tchakade. Lorsqu'il faudra aller.

kenetchi otchoro be tahame. Parceque j'ai été obligé d'aller. On met après, d'autres mots.

kenembieou. Allez-vous?

kenembime. Quoique j'aille. Il y a après, d'autres mots.

keneme ome. Pour aller.

kenetchibe. Quoique je sois allé. Quoiqu'il soit allé. On met avant, la particule *outou.* L'on dit aussi *outou kenehe seme.*

kenehe mangui. Après avoir été.

ke ka seme. Bruit de plusieurs personnes qui se querellent.

kebou. Nom. Réputation.

kebou poumbi. Donner un nom honorable à quelqu'un.

kebou arambi. Donner un nom à quelqu'un.

3.

keboulembi. Appeller. Nommer.

keboungue. Qui a un nom. Qui a de la réputation.

keboungue tatchihien. Religion. Doctrine. Renommée. Qui a de la réputation.

kebou akou simhoun. Le quatrieme doigt de la main. Doigt qui n'a point de nom.

kebou alguika. Son nom s'est fait connoître. Sa réputation court.

kebou toutchike. Il s'est fait de la réputation.

kebou paha. Il s'est fait un nom.

kebou kaiha. Il cherche à se faire de la réputation.

kebou alguin. Réputation. Bonne réputation.

kese. Ressemblance. Même chose. Qui ressemble à une chose. Qui est de même apparence. Comme.

kese touchan. D'un même tribunal. D'une autorité égale.

kesetchehe. Cela se dit de quelque cordage ou ficelle qui se coupe peu-à-peu d'elle-même. (Prétérit de *kesetchembi.*)

kesengue. Semblable. Égal, etc.

kesoühe. Cela se dit des hommes et des bêtes qui, après une maladie qui les avoit maigris, deviennent gras et bien portants.

KETOU

kechan. Tablettes sur lesquelles on met les papiers et autres choses. (*Ko tcha* en chinois.)

ketembi. S'éveiller.

kebou igenaha. Il s'est fait un nom. Son nom est connu par-tout.

keterembou. Ordonner de rendre propre quelque chose, de nettoyer, d'arranger, d'accommoder. (Impératif du verbe suivant.)

keteremboumbi. Ordonner de nettoyer, de rendre propre, de balayer, de mettre de l'arrangement, de purger un endroit des mauvais garnements.

keterembi, (*ke*). Balayer, ôter les ordures, nettoyer quelque chose en y employant l'eau. Arranger, mettre de la disposition, de l'ordre, de l'arrangement.

keteboumbi. Ordonner d'éveiller quelqu'un.

keterilaha. Son visage s'est épanoui. Cela se dit lorsque quelqu'un a quelque sujet de joie, et que son visage en est comme brillant.

keterakou. Sans s'éveiller. Il ne s'éveille point. Homme qui est mal-propre, qui est pesant. On dit cela à ceux qui ne sont point diligents, qui sont paresseux.

ketehoun. Avoir les yeux gros de colere et fixés sur quelque chose, ou sur quelqu'un.

ketouken. Clair. Qui n'est pas obscur. Qui

se comprend aisément. Paroles ou discours clair et net.

ketoukele. Ordonner de s'informer exactement de quelque chose.

ketouhoun. Être couché sans dormir.

ketouken obou. Rendez cela propre. Nettoyez cela. Mettez tout cela en ordre. On dit aussi *polhou obou.*

ketoukelembi. S'informer exactement de quelque chose. Quelque chose qu'on dit, qu'on fait ou qu'on entend clairement.

ketoukeleboumbi. Ordonner d'être clair, de parler clairement, de s'informer exactement de quelque chose.

ketoumbi. Brouter, paître comme les chevaux, etc. Mâcher quelque chose. Ronger un os, etc. Sucer.

ketouboumbi. Ordonner de sucer, de paître, de ronger, etc.

kelembi. Craindre. Avec ce mot on met *te*; c'est-à-dire qu'il régit le datif.

keleboumbi. Ordonner de craindre. Faire craindre. Être pénétré de crainte.

kelesou. Crainte qu'on a de quelqu'un. Peur, etc.

keletchouke. A craindre. Qu'il faut craindre.

kelertchembi. Avoir la larme à l'œil. Avoir les yeux baignés de pleurs.

kelehe kolohoi. Avoir une contenance craintive. Être saisi de peur, etc.

kelendoumbi. Lorsque le commun craint. On dit aussi *kelenoumbi.*

keli. De nouveau. Derechef. Une seconde fois, etc.

kemoun. La ville capitale. Le lieu de la résidence de l'empereur. La cour.

kemoulehe pa. La cour. Le lieu où l'empereur réside. La capitale de l'empire. On dit encore *kemoun.*

kemou. Tout. Tout, en général, etc. Tous.

ketchen. Bruine, espece de rosée congelée.

ketchembi. Il tombe de la bruine. Il gele.

ketchen ketchembi. Il tombe de la bruine. C'est aussi le nom d'un *tsié ki* chinois.

ketchouhoun. Glace. Gelée. (*Toung* en chinois.)

ketchouhoun erin. Temps de la gelée.

ketchouheri. Étoffe chinoise qui ressemble au drap d'or; on en fait de toutes les couleurs : il y a dessus, des dragons, des fleurs, etc. (*Mang* en chinois.)

ketchouheri sitchikien. Nom d'une espece de manteau de cérémonie qu'on met surtout lorsqu'on va pour la nouvelle année, etc.

ketchi chendambi. Tendre l'arbaléte, ou prendre les oiseaux à l'arbalête.

𐒴𐒻. *ketchi.* Nom d'une espece d'attrape pour prendre les oiseaux. Cette espece de trébuchet est faite avec une verge courbée en arc, armée de sa corde ; on met au milieu de la corde un petit bâton pour la tendre au degré que l'on veut : on met aussi une corde ou un fil d'archal qui est courbé comme l'arc. C'est cette corde de fer qui revient sur l'oiseau lorsqu'il veut mordre l'appât qui est de l'autre côté : c'est une espece d'arbalête.

𐒴𐒻𐒀𐒰𐒻𐒲𐒻. *ketchihechembi.* Chatouiller sous les aisselles, en badinant avec quelqu'un.

𐒴𐒻𐒀𐒰𐒱𐒻. *ketchihecheboumbi.* Ordonner de chatouiller. Être chatouillé.

𐒴𐒻 𐒿𐒰. *ketche katcha.* Cela se dit des personnes de peu de chose, qui ont une très petite apparence, qui n'osent rien. Importun. Avec importunité.

𐒴𐒻𐒲𐒲. *ketchengui.* Reproches réitérés. Répétition. Redite importune. Bavard, parleur importun qui répete toujours les mêmes choses.

𐒴𐒻𐒽 𐒾𐒻. *ketching seme.* Avec importunité. Répétition ennuyeuse. Revenir souvent à la charge pour expliquer, par exemple, ce qu'une personne qu'on prie de quelque chose doit faire. On dit aussi 𐒴𐒻𐒽 𐒴𐒻𐒽 𐒾𐒻. *ketching ketching seme.*

𐒴𐒻𐒽𐒲𐒻. *ketchourembi.* Gouverner avec rigidité, avec sévérité. Faire tort à quelqu'un, le maltraiter. Vexer quelqu'un. Être cruel à l'égard de quelqu'un.

ketchoureboumbi. Faire maltraiter quelqu'un, le faire vexer. Être vexé. Ordonner d'exercer de la cruauté. Être traité cruellement.

ketchourekou. Cruauté, tyrannie. Tort que l'on fait à quelqu'un en lui retenant son salaire, ou ce qu'on lui doit. Mauvais traitement.

keie. Ordonner de ciseler, de sculpter.

keiembi. Sculpter sur du bois. Ciseler du bois. Employer un petit ciseau pour sculpter quelque figure sur du bois.

keieboumbi. Ordonner de sculpter, de ciseler.

kegue. Sœur aînée. C'est aussi le nom qu'on donne aux demoiselles dans leurs maisons. C'est proprement le nom que les cadets donnent à leurs sœurs aînées. (*Kié kié* en chinois.)

keguese. Sœurs aînées. (Pluriel du mot précédent.)

kehouken. A la pointe du jour. Lorsqu'il commence à faire un peu clair.

kehechembi. Sommeiller. Baisser la tête pour appeler quelqu'un sans faire de bruit, et sans qu'on s'en aperçoive. Approuver en baissant la tête. Faire des mouvements de tête pour louer quelqu'un.

kehenakou. Qui ne mérite pas d'être aimé. Qui est haïssable.

kehoun. La clarté de la lune, du feu, d'une lampe, etc.

𑀁𑀁𑀁 𑀁𑀁𑀁. *kehoun saboumbi.* Voir clairement dans une affaire. Voir clairement quelque chose. On dit aussi 𑀁𑀁𑀁 𑀁𑀁𑀁. *iletou saboumbi.*

𑀁𑀁𑀁 𑀁𑀁𑀁. *kehoun touambi.* Voir fixement quelque chose.

𑀁𑀁𑀁 𑀁𑀁𑀁. *kehoun holtombi.* Mentir impunément. Mentir hardiment. Dire un mensonge dont tout le monde s'apperçoit. Mentir sans raison.

𑀁𑀁𑀁 𑀁𑀁𑀁. *kehoun chehoun.* Clairement. Sans aucun obstacle.

𑀁𑀁𑀁 𑀁𑀁𑀁. *kehoun kereke.* Le ciel s'est éclairci.

𑀁𑀁𑀁 𑀁𑀁𑀁. *kehoun kahoun.* Clarté du soleil très brillante.

𑀁𑀁 𑀁𑀁𑀁. *kehou kehoulambi.* Cela se dit du mouvement que certains oiseaux font de la tête lorsqu'ils chantent en roucoulant, comme le pigeon, l'oie, etc.

𑀁𑀁𑀁. *kereke.* Le ciel s'est éclairci. Le temps est clair.

𑀁𑀁𑀁. *kehoumbi.* Se baisser, s'incliner lorsqu'on voit quelque grand. Baisser la tête et les épaules. Lorsqu'on s'incline un peu plus profondément. On dit encore 𑀁𑀁𑀁. *mehoumbi.*

𑀁𑀁𑀁. *keretele.* Jusqu'au jour.

𑀁𑀁𑀁. *kerendere.* Jusqu'au jour. Lorsque le jour commence à poindre.

𑀁𑀁𑀁. *keremboumbi.* Attendre l'aurore. Attendre le jour.

◌, *kerendere king.* Nom de la Diane qu'on bat après la cinquieme veille, lorsqu'on annonce le jour.

◌, *keren.* Le commun. Le général. Un amas.

◌, *keren leolen.* Sommaire.

◌, *kereken.* Une grande partie. Le grand nombre.

◌, *keren fila.* Nom d'un instrument de musique composé de dix petits bassins de cuivre. On l'appelle aussi ◌, *tongkichakou.*

◌, *keren imiambi.* Être assemblé en commun. S'assembler. Venir à une assemblée générale.

◌, *keri.* Maladie épidémique qui se communique. Maladie épidémique parmi les animaux.

◌, *keri karilame.* Voir en gros. Ne voir que confusément.

◌, *keren tsee tangou po.* Les cent maisons distinguées par leurs talents; c'étoit anciennement 189 familles qui se distinguerent dans les lettres et dans les arts.

◌, *keren kouaiha.* La maladie épidémique a gagné tous les animaux. Lorsque tous les animaux ont la maladie épidémique.

◌, *keri keri elte.* Par éclat de lumiere. Lumiere dans les insectes, qui se montre un moment, et qui disparoît ensuite.

. *keri kari.* Voir à demi. Une lumiere qui se montre à demi, confusément, indistinctement, peu clairement. Lorsqu'on voit un objet éloigné, et qu'on a peine à le distinguer.

. *kerichembi.* Scintiller; comme les étoiles qui scintillent.

. *kerilambi.* Briller comme un éclair. Éclater de lumiere. Cela se dit d'une lumiere qui se montre et disparoît par intervalles.

. *kerichekou.* Homme soupçonneux, qui n'a point de détermination, qui doute sans cesse.

. *keri fari.* Obscurément, confusément. Voir tantôt d'une façon, et tantôt d'une autre. Voir trouble, etc.

. *kefehe.* Papillon: il y en a de toutes couleurs et de toutes grandeurs.

. *keroutei.* Phénix. (*Foung hoang* en chin.)

. *kerintchembi.* Cligner les yeux, remuer les yeux lorsqu'il y a de la poussiere, etc.

. *kei sere herguen.*

. *kei seme.* Très fin. Très délié. Cela se dit d'une étoffe de soie, ou de telle autre chose.

. *keikehoun.* Homme très sec, très maigre.

, *keikehoun pantchihapi.* Cet homme est né très sec et très maigre. On dit également . *keikerekepi.*

. *keiken.* Cela se dit de l'osselet qui est de côté.

ⵃⵔ ⵏⵜⵉⵔⵉ ⵃⵔⵃⵉ. *ker sere herguen.*

ⵃⵔⵏ. *ker.* Cela se dit lorsqu'une troupe de chiens sont prêts à se battre. Cela se dit aussi des hommes qui parlent sans discontinuer.

ⵃⵔⵏ ⵣⵉⵔⵏ. *ker kar.* Bruit de plusieurs personnes qui se querellent.

ⵃⵔⵏ ⵙⵉⵎⵉ ⵛⵉⵔⴰⵔⴰⵏ. *ker seme ouatchirakou.* Il ne finit jamais quand une fois il est en train de jaser.

ⵃⵔⵅⴱⵉ ⵣⵉⵔⵅⴱⵉ. *kerben karban.* Cela se dit des insectes, comme les araignées, qui marchent ensemble. Cela se dit aussi des oiseaux qui se mêlent en l'air ou sur les arbres. En confusion. Cela se dit encore de ceux qui marchent en confusion ou en désordre.

ⵃⵔⵅⵛⵓ ⴼⵔⵅⵓ. *kerche ferche.* La pointe du jour, l'aurore, le crépuscule du matin.

ⵃⵔⵜⵛⵉ. *kertchi.* Celui qui, ayant fait avec d'autres personnes, quelques crimes dont il craint les suites, va lui-même accuser ses complices.

ⵃⵔⵜⵛⵉⵍⵉⴱⵉ. *kertchilembi.* Accuser le premier un crime dont on est coupable. Accuser le premier ses complices.

ⵃⵔⵜⵛⵉⵍⵉⴱⵓⴱⵉ. *kertchileboumbi.* Ordonner à quelqu'un d'accuser le premier ses complices. Être accusé le premier.

ⵃⵔⵅⴱⵉ ⵣⵉⵔⵅⵉⵏⵉ ⵙⵉⵎⵉ. *kerguen karhan seme.* Qui ne veut pas avoir le dernier. Qui dispute sans vouloir céder.

ⵃⵔⵅⴱⵉ ⵎⵓⵃⵉⵎⵉ. *kerhen moukieme.* Le crépuscule du soir.

kerkouchembi. Avoir les yeux d'un chat, la queue d'un rat. C'est un proverbe pour exprimer, faire le petit maître.

kerguen. Cigale, espece de sauterelle qui chante en été. (*nioanguien kourtchen.*)

ken sere herguen.

ken. Os qui est à la nuque du cou.

ken kan akou. Avoir la physionomie d'un sot. Homme hébété.

kentchehelembi. Frapper quelqu'un avec le dos d'un couteau ou d'une épée, etc.

kentchehen. Le dos d'un couteau, d'une épée, d'un sabre. Le bord de la semelle d'un soulier. Le bord de la roue d'une charrette. L'extrémité, les bornes d'un chemin.

kentcheheleboumbi. Ordonner de frapper avec le dos d'un couteau, etc. Être frappé avec le dos d'un couteau.

kentchehengue. Qui a un dos.

kentchekechembi. Frapper du dos du couteau.

keng sere herguen.

kengue kanga. Qui est seul de son espece; comme un homme qui n'a ni pere, ni mere, ni femme, ni enfant, ni feu, ni lieu, et qui est tantôt ici, et tantôt là.

kenguetchembi. Aller seul chercher sa

vie quelque part. N'avoir ni feu, ni lieu, ni pere, ni mere, ni femme, ni enfant, etc.

kenguetembi. Trembloter, chanceler en marchant, comme les vieillards, les malades et les hommes foibles.

kenguehoun. Homme voûté. Homme grand et sec qui avance la tête, et qui courbe le dos.

kenguerekepi. Il est devenu tout courbé, tout voûté de vieillesse ou de maladie.

kengken. Clair, brillant; comme une vertu brillante. Quelque chose qui a de l'éclat.

kenguin apka. Temps serein. Temps clair.

kenguin apka kehoun choun. Temps très beau. Lorsque le ciel est serein et le soleil très brillant.

kenguin etchen. C'est un nom honorifique qu'on donne à l'empereur. Clair-voyant maître.

kenguin pia. Lune brillante.

kenguin touki. Nuages clairs.

kenguin tchai. Nom d'une espece de thé. Thé clair, etc. (*Tsing tcha* en chinois.)

kenguin misoun. Sausse ou moutarde claire.

kenguin touanse. Nom d'une espece de soierie brillante, de couleur bleue, sans fleurs et toute unie. On l'appelle aussi tout simplement *kenguin*.

kenguin tchoukoulou. C'est le nom qu'on donne à ceux qui ne voient plus dès que le soir approche.

kenguin niaki eiembi. Avoir la goutte au bout du nez.

kenguieken. Un peu clair. Un peu brillant.

kenguienakou. Cela se dit de ceux qui font tout petitement, qui n'ont rien de grand.

kenguielembi. Éclaircir.

kenguieleboumbi. Ordonner d'éclaircir.

kenguiesou. Esclave à la quatrieme génération. Après la cinquieme génération ces sortes d'esclaves sont censés esclaves mantchoux.

kéngkouhepi. Baisser par le devant. C'est le prétérit de *kengkoumbi*. Cela se dit aussi des chariots qui, étant trop chargés sur le devant, baissent par devant, et relevent par derriere. Baisser par le devant, et relever par derriere.

kek sere herguen.

kektehoun. Cela se dit de ceux qui sont très maigres, et qui n'ont que la peau et les os. On dit alors *kektehoun oho*.

kep sere herguen.

kepserekepi. Il a maigri extraordinairement.

kepsehoun. Homme très maigre.

kepke kapka. Cela se dit des petits enfants qui commencent à marcher, et qui semblent devoir tomber à chaque pas.

kepkelichembi. Briller, cela se dit de quelque chose qui a une couleur luisante comme si on l'avoit frotté d'huile. Affluer, abonder. Cela se dit de même des fleurs qui commencent à s'épanouir, et qui brillent comme si elles étoient huilées. Luire.

keou sere herguen.

keou. Cavale, jument, mule; femelle dans les différentes especes de chevaux, d'ânes, etc. (*Ko* en chinois.)

keouchen. Nom d'une espece de poisson qui n'est pas bon à manger : les plus longs ont trois à quatre pieds : ils ont la mâchoire supérieure qui releve, des dents de chiens. Ils ont dans le ventre une liqueur qui exhale une odeur suave. Les petits de cette espece de poisson sont appelés *tchourhou*.

keouten. Finesse qu'on emploie pour tromper.

keouteboumbi. Séduire. Tromper. Tromper l'ennemi. Induire au mal. Attraper quelqu'un. Déniaiser. Donner une mauvaise marchandise pour bonne, la vendre plus cher qu'elle ne vaut, etc.

keougue. Homme superbe et méprisant. Mauvais garnement qui se veut élever, etc.

keouketembi. S'élever. S'enorgueillir. Se pavaner, etc.

keoulembi. Se cacher. Aller par détours pour attraper un oiseau ou une bête qu'on veut tuer ou prendre.

kel sere herguen.

kelhoun akou. J'ose. Je n'oserai. Comment oserai-je? On dit alors *ai kelhoun akou.*

kelmertchembi. Cela se dit des couleurs qui sont claires, propres et brillantes.

kelfin. Couleur délayée. Couleur foible. Couleur pâle du soleil. Couleur foible des nuages. Couleur foible de l'encre. Encre qui n'est que délayée.

kelfieguen. Un peu foible de couleur. Couleur un peu délayée.

he sere herguen.

heni. Tant-soit-peu. Un peu. On dit encore *heni teni.*

heni tani. Un tant-soit-peu.

hebe. Consultation. Délibération. Consulte. Quelque chose qui sent la délibération, la consultation. Conspiration de plusieurs, etc.

hebechembi. Consulter. Délibérer, etc. On dit aussi *heptembi.*

hebecheboumbi. Ordonner de délibé-

HESÉ

rer, de consulter. On dit de même ᎣᎥᎦᎣᎻᎣᏁ, *hep-teboumbi*.

ᎣᎻᏁ Ꭳ ᎥᎻᎢᎥ. *hebe y amban.* Conseiller d'état dans les affaires militaires. Officier général qui donne son avis au général lorsqu'il s'agit de faire quelque chose.

ᎣᎻᏁ ᎥᎢᎻᏁ. *hebe atchambi.* S'assembler pour délibérer.

ᎣᎻᎻᏁ. *hebengue.* S'accorder. Qui s'accorde. Cheval docile au frein. Quelque chose qui est fait comme on le souhaite. Assemblée.

ᎣᎻᎻᏁ. [ᎣᎻ.] *heberembi,* (*kepi.*) Vouloir exiger de l'argent, ou quelque chose que ce soit, de ceux que l'on gouverne. Opprimer. Desirer le bien d'autrui. Etre ivre de vin sans pouvoir se remuer. Marcher en chancelant. Agir à l'étourdie, comme les vieillards qui sont décrépits ou tombés en enfance. On dit au prétérit ᎣᎻᎻᎣᏁ, *heberekepi.*

ᎣᎻᎻᎡ ᎢᎻᎡ. *hebereme saktaha.* Vieillard décrépit.

ᎣᎻᎣ. *hebou.* Bout de fil de coton qui s'est cassé lorsqu'on le tordoit.

ᎣᎡᎦᎣᎻᏁ. *hesebouhengue.* De la destinée.

ᎣᎦᎣᎻᏁ. *hebounehepi.* Cela se dit des étoffes de soie sur lesquelles il y a des nœuds qui paroissent.

ᎣᎡ. *hese.* Ordonnance de l'empereur. Ordre de l'empereur. Paroles de l'empereur, par lesquelles il manifeste ses volontés.

hechen herguin. Les loix. C'est aussi le nom de deux especes de cordes dont on fait les filets.

heseboun. La destinée, le bonheur ou le malheur attaché à quelqu'un. Ordre du ciel. Les huit lettres par lesquelles on fait l'horoscope de quelqu'un. Ces lettres sont celles de l'année, de la lune, du jour, de l'heure; chacun de ces mots a deux lettres (en chin.)

hechen oulhoun. Le sujet d'attribution.

hechelerakou. Qui ne suit point les loix.

hechen. Les trois principaux devoirs de l'homme. Les trois premieres loix de la nature. L'abrégé d'un livre, par exemple. Les bornes qui séparent deux champs. Les ourlets ou les deux bords d'une piece de soie, etc. Les loix. La corde qui environne le filet.

hejetembi. Chanceler en marchant, par vieillesse, maladie ou foiblesse. On dit également *hejehetembi.*

hejehechembi. Cela se dit de ceux qui s'amusent à chaque pas, qui s'arrêtent à chaque instant, pour voir ceci et cela, etc.

hechemimbi. Ouvrir une bourse, un sac et telle autre chose semblable. Tresser.

hechenehepi. Cela se dit de ceux qui sont très mal-propres sur leurs habits et sur leurs personnes.

HETE

hechourembi. Ramasser tout, ne rien laisser. Arracher les herbes. On dit aussi *heterembi.*

hechoureboumbi. Ordonner à quelqu'un de tout ramasser, de ne rien laisser, d'arracher les herbes. On dit aussi *hetereboumbi.*

hechou hachou nialma. Homme petit en tout, qui n'a rien de grand, qui est cousu de petitesses.

hechou hachou. Cela se dit d'un amas de petites choses qui sont sans aucun ordre, tout sens-dessus-dessous.

hete. Ordonner de plier, de rouler. Ordonner à une femme de faire la cérémonie du battement de tête. Ordonner de relever les deux pans des habits qui sont en devant.

hetembi Rouler un porte-manteau ou telle autre chose semblable. Relever un habit en devant. Relever ses manches, les plier. Rouler une devantière de porte. Rouler des habits, une couverture de lit, etc. Ce mot signifie aussi la cérémonie que les femmes mantchoux font lorsqu'elles battent la tête; elles mettent les deux mains sur les cuisses, se baissent ensuite, font trois battements de tête, et le reste des cérémonies comme les femmes chinoises.

heteboumbi. Ordonner de plier, de rouler un habit, une couverture de lit, etc. Ordonner aux femmes de faire la cérémonie du battement de tête. Ordonner de relever les habits en devant.

heteme tajchimbi. A l'exercice de la lutte lever les pieds par dessus les jambes de son adversaire.

heteme ilha. Nom du bouton de fer qui est au haut du casque: il est fait à-peu-près comme une petite tasse à boire de l'eau-de-vie.

hete. Cicatrice d'une plaie. Marque qui reste sur la peau après qu'une plaie est guérie; c'est lorsqu'elle est guérie fraîchement. On dit de même *hete pi.*

hete pi. Il y a encore des marques de l'ulcere, de la plaie. Il reste encore quelque chose. Il y a encore quelques levains, quelques racines, etc.

heterembi. Employer la fourche ou le râteau après la moisson pour ramasser les épis. On dit aussi *sosorombi.*

hetereboumbi. Ordonner de ramasser les épis avec la fourche. Se déchirer les habits ou les parties du corps en passant près d'un lieu épineux.

heterenoumbi. Lorsque le commun emploie la fourche ou le râteau pour ramasser les épis après la moisson.

heterekou. Rateau ; c'est un instrument dont on se sert pour ramasser les herbes après qu'elles sont coupées.

heterekou orho. Nom d'une espece

de plante qui monte. On l'appelle encore 𐓏𐓘𐓻𐓟𐓣𐓷𐓣𐓵. 𐓤𐓘𐓷𐓣𐓵. *hojepa orho.*

𐓷𐓘𐓵. *hetou.* En travers. Le travers, le côté. Par côté. Les bâtiments ou appartements qui sont aux côtés. Gros homme. Large, etc.

𐓷𐓘𐓵 𐓟𐓘. *hetou po.* Appartements des côtés.

𐓷𐓘𐓵 𐓲𐓘𐓷𐓵. *hetou ouentou.* En long et en large. Droit et en travers. Longitude et latitude.

𐓷𐓘𐓵𐓤𐓟𐓵. *hetouken.* Homme un peu gros.

𐓷𐓘𐓵𐓘𐓲𐓟𐓵. *hetoulien.* Un peu de côté. Un peu de travers.

𐓷𐓘𐓵 𐓷𐓘𐓴𐓘. *hetou hitha.* Garniture de fer ou de cuivre des courroies de la selle du cheval; ce sont seulement celles qui sont sur le derriere. Relevé en bosse. Qui releve. Garniture plate. Ce mot signifie en général, garniture.

𐓷𐓘𐓵 𐓲𐓘𐓲𐓘𐓤𐓘. *hetou fitchakou.* Flûte traversiere.

𐓷𐓘𐓵𐓤𐓣. *hetouri.* Petite affaire. Affaire qui ne nous regarde pas directement, etc.

𐓷𐓘𐓵𐓤𐓣 𐓟𐓘𐓵. *hetouri paita.* Les accompagnements d'une affaire. Les petites affaires qui sont liées à une grande.

𐓷𐓘𐓵𐓤𐓟𐓮𐓣. *hetourembi.* Être arrêté au milieu de son chemin. Arrêter quelqu'un dans son chemin. Arrêter quelqu'un dans ses discours, lui couper le siflet. Couper le chemin à quelqu'un ou à une bête qu'on veut arrêter.

hetoureboumbi. Être arrêté dans ses discours, dans son chemin. Être arrêté par l'ennemi.

hetoumbi (ke). Passer les jours. Lorsque les oiseaux passent au-delà d'une montagne. Passer l'hiver.

hetouboumbi. Faire passer l'hiver à des plantes. Avoir de quoi passer le jour. Vivre au jour la journée. Passer les jours.

hetouren. Poutre qui traverse de l'est à l'ouest.

hetou. Espece de gale qui vient aux mains et par-tout le corps.

helin. Pierre à broyer le riz, ou, pour mieux dire, pierre à battre le riz. C'est aussi le nom d'une espece d'insecte qui ressemble à la sauterelle.

helen. Avant-coureur d'une armée. Soldats qu'on envoie à la découverte.

hele. Muet. Qui ne sauroit parler.

hele ala. Nom du lieu d'où les empereurs de la dynastie régnante des *Tay Tsing* sont originaires.

hele tchafambi. Choisir parmi les troupes celles qu'on croit les meilleures pour aller enlever quelque parti de l'ennemi.

helin sepsehe. Nom d'une espece d'insecte qu'on appelle aussi simplement *helin.*

helen pouroubouha. Cela se dit

des malades à l'extrémité qui ont perdu la parole.

~~. *hele hembe.* Begue. On dit encore simplement ~~. *hembe.*

~~. *heletembi.* Bégayer en parlant. Bredouiller.

~~. *helen akou.* Qui est stupide et ne sauroit parler. Qui ne sait rien dire. Muet. Qui ne dit absolument rien. On dit aussi ~~. *helen hembe akou.*

~~. *hele hembe akou.* Qui ne sait pas parler. Qui ne sait rien dire.

~~. *hetchen.* Ville murée. Murailles d'une ville. On dit aussi ~~. *hodon.*

~~. *hetchembi.* Raccommoder un habit. Coudre une piece à un habit. Donner à manger. Donner un repas. Avoir la courte haleine. Haleter. Rendre les derniers soupirs. On dit alors ~~, *erguen de oho.*

~~. *hetchihe.* Nom d'une piece de bois dont on se sert pour monder le riz. Lieu scabreux de la montagne.

~~. *hetchihe mo.* Nom d'une barre de bois qui traverse la machine dans laquelle on monde le riz.

~~. *hetchikan.* Chemin raboteux et qui n'est pas droit. Aller par ce chemin se dit ~~, *hetchiheleme yaboumbi.* (~~. *hektereme.*)

~~. *heie.* Ordures qui s'amassent dans le coin de l'œil.

heïenembi. Avoir des ordures dans le coin de l'œil.

heberekepi. Cela se dit des vieillards décrépits qui marchent en chancelant.

hehe. Femme en général.

heheche. Femmes en général. (Pluriel.)

hehe naktchou. Tante.

hehe tethe. Les petites plumes qui forment le premier rang dans les ailes des oiseaux.

hehe tohon. Boutonniere.

heheri. Gencive.

heheri mataha. Cela se dit des chevaux et autres bêtes qui ont les gencives enflées. Cette maladie s'appelle en chinois *yn kao ping.*

hehereme. Cela se dit des femmes qui s'habillent. Être à sa toilette. Cela se dit des petits maîtres qui sont efféminés.

heherekou. Homme efféminé, qui n'est bon qu'aux ouvrages de femmes.

hehengue. De femme.

herembi. Oter de dessus le feu une chose qu'on croit assez cuite. Oter le riz de dedans le pot. Oter le bouilli du pot. Tirer le filet quand on croit qu'il y a des poissons. Oter le papier du moule, ou ôter l'eau du moule à papier. On dit aussi *herguembi.* Prendre au filet, comme les araignées prennent les mouches, etc.

ⵀⵉⵔⵉ **HEVE** 41

ⵀⵔⵉⴱⵓⵎⴱⵉ. *hereboumbi.* Ordonner d'ôter l'eau du moule à papier. Ordonner de prendre aux filets.

ⵀⵔⵉⵙⵓ. *heresou.* Nom d'une espece de plante qui vient au bord de la mer, et dans les lieux où il y a du sel. Les chameaux aiment beaucoup cette herbe.

ⵀⵔⵉⵏ. *heren.* Bergerie. Haras, etc.

ⵀⵔⵉⵏ. *herin.* La vase qui est par couches dans le fond des rivieres.

ⵀⵔⵓ. *herou.* Rais des roues des charrettes.

ⵀⵀⵔⵉ ⴼⴰⵉⵜⴰⵎⵉ. *heheri faitame.* Aller en travers lorsqu'on marche sur les montagnes, pour ne pas glisser, etc. On dit alors ⵀⵀⵔⵉ ⴼⴰⵉⵜⴰⵎⵉ ⵢⴰⴱⵓⵎⴱⵉ, *heheri faitame yaboumbi.*

ⵀ ⴼⴰ ⵙⵉⵎⵉ. *he fa seme.* Avec danger. Avec bruit. Bruit qu'on fait en coupant du bois.

ⵀⵉⵠⵉⵍⵉ. *heveli.* Ventre. Le commencement du ventre depuis l'estomac.

ⵀⵉⵠⵉⵍⵉ ⵏⵉⵎⵉⵎⴱⵉ. *heveli nimembi.* Avoir des douleurs de ventre.

ⵀⵉⵠⵉⵍⵉ ⵎⴰⵜⴰⵎⴱⵉ. *heveli matambi.* Avoir le ventre enflé.

ⵀⵉⵠⵉⵍⵉ ⴼⴰⴽⵜⵛⴰⵀⵓⵏ. *heveli faktchahoun.* Ventre pendant. Cela se dit de ceux qui, étant fort gras, ont le ventre qui leur descend.

ⵀⵉⵠⵉⵍⵉⵎⴱⵉ. *heveliembi.* Cacher quelque chose entre son ventre et ses habits. Mettre contre son ventre.

ⵀⵉⵠⵉⵍⵉⴱⵓⵎⴱⵉ. *hevelieboumbi.* Ordonner de mettre

quelque chose contre son ventre, de cacher quelque chose entre ses habits et son ventre.

hevelienembi. Avoir la dyssenterie ou la diarrhée.

hetchembi. Avoir employé tout ce qu'on avoit. Employer jusqu'à la fin. Manger jusqu'au dernier morceau. Boire jusqu'à la derniere goutte, etc.

he ki, (*he hien* en chinois.) Nom d'une espece de faisan. Ceux qui sont blancs s'appellent *pé hien.*

hetcheboumbi. Ordonner de manger jusqu'au dernier morceau, de boire jusqu'à la derniere goutte. Ordonner d'employer tout, de ne rien laisser.

hetouri pade. Habitation d'une famille. Lieu où toute une famille est rassemblée à demeure.

hei sere herguen.

hei hai. Bruit de ceux qui pleurent.

heihetembi. Aller en chancelant lorsqu'on est ivre.

heiheri haiharilambi. Chanceler en marchant.

heiheri haihari. En allant de côté. En chancelant.

heihoule. Nom d'une espece de poisson qui est rond, et qui a la bouche petite. Il y en a partout, et on le pêche très aisément. Il est long d'une main environ.

heihoue. Nom d'une espece de poisson qui

a le ventre blanc, les écailles petites : on le fait cuire dans l'huile, après l'avoir coupé par petits morceaux.

⵿⵿⵿ ⵿⵿⵿ ⵿⵿⵿, *her sere herguen.*

⵿⵿⵿ ⵿⵿⵿ ⵿⵿⵿. *her har seme.* Bruit que fait le gosier lorsqu'on ne peut pas respirer ou qu'on a le râle.

⵿⵿⵿ ⵿⵿⵿ ⵿⵿⵿, *her har serakou.* Ne pas faire cas de quelqu'un. N'avoir aucun égard, aucune attention pour quelqu'un.

⵿⵿⵿, *herserakou.* Ne faire cas de quoi que ce soit. N'avoir aucun égard, aucune attention pour quelqu'un.

⵿⵿⵿. *hertembi.* Faire en sorte qu'on ait suffisamment, qu'on ne manque point, en usant d'économie. Aller demander son nécessaire de côté et d'autre. On dit aussi ⵿⵿⵿ ⵿⵿⵿, *herteme hartame.* Faire malgré soi. Avoir recours à quelqu'un malgré soi pour lui faire faire quelque chose.

⵿⵿⵿. *hertchimbi.* Entortiller quelque chose d'un fil, d'une ficelle, etc. Mettre à un morceau de bois du fil. Dévider du fil et l'entortiller au bout d'un bâton.

⵿⵿⵿. *hertchiboumbi.* Faire entortiller du fil autour de quelque chose.

⵿⵿⵿. *hertchoun akou.* Il n'y a aucun égard. Il n'y fait aucune attention. Il ne s'en embarrasse pas.

⵿⵿⵿. *herguembi.* Mettre au clair. Tirer au clair de l'eau, etc. Purger quelque chose des immondices, etc., dont il est plein. Cribler, tamiser quelque chose. Tamiser la matiere du papier pour faire écouler l'eau. Quand il tombe de la rosée en abondance on dit encore ⵀⵅⵉⵜⴼⴻⵏ. *herembi*.

ⵀⵅⴻⵏ. *herguen*. Lettre, caractere, nom qu'on désigne, dignité, ou, pour mieux dire, marque de dignité. Signe. Caracteres ou lignes qui sont dans la main. Office d'un mandarin. ⵣⵯⵟⵔⵏⵓ ⵀⵅⴻⵏ. *hafun herguen*. Lignes qui sont sous la plante des pieds. ⵃⵓⵔⴻⵏ ⵏ ⵞⵔⵏ ⵏ ⵀⵅⴻⵏ. *pethe y fatan ni herguen*.

ⵀⵅⴻⵓⴱⴼⴻⵏ. *hergueboumbi*. Ordonner de tamiser quelque chose, de purger quelque chose de ce qu'il a de mauvais, de monder, d'éclaircir de l'eau, en ôtant les ordures, etc., qui y sont.

ⵀⵅⴻⵏ. *herguin*. Lien, ou partie du filet qui est environnée d'une corde. Annales. Cycle.

ⵀⵅⴻⵓⴱⴼⴻⵏ. *herguiboumbi*. Ordonner d'environner quelque chose de fil, de faire un peloton de fil, de soie, etc. Ordonner de faire un circuit.

ⵀⵅⴻⵏⴼⴻⵏ. *herguimbi*. Cela se dit de ceux qui, étant désœuvrés, rôdent autour d'un endroit. Environner quelque chose de soie. Faire un peloton de fil, de soie, etc. Cela se dit aussi des oiseaux, etc., qui volent en circuit, etc.

ⵀⵅⴻⵏⵟ. *herguitou*. Peloton de soie, de fil, etc. C'est de la soie ou du fil qu'on dévide sur quelque chose, sur un bout de bois, par exemple, etc. Un écheveau de soie qui est plus gros que celui qu'on appelle ⵉⵛⵓ. *ishou*. On dit encore ⵀⵅⴻⵏ. *herguitche*.

herguime hetcheme. Très uni. Uni par des liens très forts.

hen sere herguen.

hen. Petite chaise à porteur, à deux porteurs seulement. On l'appelle aussi *ten.*

hen tan ni. Vivre du jour la journée.
hen tan ni pantchimbi. Cela se dit encore de quelque chose dont on n'a pas en abondance.

hente. Fourche de bois dont on se sert pour remuer le foin. Sanglier fait.

hende nirou. Nom d'une espece de fleche à deux pointes. Fleche fourchue.

hentoume. Dire, parler. Il dit, etc.

hentou. Ordonner de parler. Introduire quelqu'un parlant, etc.

hentoumbi. Dire, parler.

hentouboumbi. Ordonner de parler, de dire.

hentchihe. Prier quelqu'un de venir. Il est venu en étant prié. On dit aussi *solintchiha.*

hentchimbi. Prier de venir. Inviter de venir. On dit encore *solintchimbi.* Il est venu en étant prié, y étant invité.

hentchembi. Piler du riz. Piler quelque chose dans un mortier.

hentcheboumbi. Faire piler. Ordonner de piler.

hentchehen. Petite pelle de fer. Instrument à racler.

hentchekou. Mortier de bois, de pierre, etc., à piler le riz, etc. Le pilon s'appelle *tchongkichakou*,

henthe. Ce qui reste après qu'on a coupé les bleds, orges, etc. Ce qui reste après que la fleur est tombée. Le centre ou le cœur de la fleur qui reste après que les feuilles sont tombées. Nom particulier, Regain.

heng sere herguen.

hengke. Serre des oiseaux. C'est le nom général. Griffe.

henguenembi. Cela se dit des femmes mal coiffées, qui, n'ayant pas été à leur toilette le matin, ont la tête mal fagotée. (On dit au prétérit *henguenchepi.*)

hengki. Ordonner à quelqu'un de battre la tête, de frapper la terre du front.

kengkilembi. Frapper la terre du front. Battre la tête.

hengkileboumbi. Supputer ce qu'il doit y avoir pour chacun, et le distribuer également. Ordonner de battre la tête.

hengkilenembi. Aller battre la tête.

hengkichembi. Ne battre que la tête. Battre la tête à tout bout-de-champ. Ne cesser de battre la tête.

hengkilentchimbi. Venir battre la tête. Lorsqu'on vient des royaumes étrangers, et qu'on fait la cérémonie du battement de tête.

hengkilendoumbi. Battre en commun la tête. On dit encore *hengkilenoumbi.*

hengkilekou oumiaha. Nom d'une espece d'insecte.

hengkilekou. Petits crochets de fer, ou fils de fer par le moyen desquels on joint deux pieces de quelque chose qui est cassé.

hengkin. Battement de tête. Substantif.

hek sere herguen.

hekterekepi. Il est dans le délire. Il n'a plus de connoissance. Cela se dit de ceux qui sont malades à l'extrémité. C'est le prétérit de *hekterembi.*

hekterembi, (me). Aller en travers, de côté, lorsqu'on marche sur les montagnes ou dans des lieux raboteux. On dit encore *hetchihelembi.*

hekterhoun. Côté de la montagne raboteux, escarpé.

hekterhoun te. Lieu de la montagne très escarpé, très raboteux.

hektchehe. Reflux de la mer, lorsque la mer se retire; il y a chaque jour un temps déterminé pour cela.

het sere herguen.

hethe. Raie qu'on fait avec un instrument à l'usage des tailleurs, dans l'endroit des habits qu'on doit coudre. Garniture de fer ou de cuivre qu'on met aux courroies de la selle. Patrimoine.

hethe pi. Il a un patrimoine. Il a des maisons, des terres et des esclaves.

hethembi. Arracher les herbes. Oter les herbes du pot, après les avoir trempées dans l'eau bouillante.

hetheboumbi. Ordonner d'arracher les herbes. Ordonner d'ôter les herbes du pot.

hep sere herguen.

hepte ihan. Bœuf qui a des poils blancs depuis le bas du ventre jusqu'au poitrail.

heptechembi. Flatter quelqu'un. User d'adulation et de flatterie pour plaire à quelqu'un. Être essoufflé, respirer avec peine; comme lorsqu'on est suffoqué.

heptehe. Ceinture qui est large.

heptembi. Délibérer, consulter sur quelque chose. On dit aussi *hebechembi.*

hepteboumbi. Ordonner de délibérer, de consulter sur quelque chose. On dit encore *hebecheboumbi,*.

heptenembi. Aller délibérer. Aller consulter sur quelque chose.

heptentchimbi. Venir délibérer. Venir consulter.

HEM 49

ᡥᡝᠪᡨᡝᠴᡝᠮᠪᡳ. *heptechembi.* Délibérer, consulter sur quelque chose.

ᡥᡝᠣ ᠰᡝᡵᡝ ᡥᡝᡵᡤᡠᡝᠨ. *heou sere herguen.*

ᡥᡝᠣ. *heou.* Nom d'une dignité immédiatement au-dessous de celle de comte. (*Heou* en chinois.)

ᡥᡝᠣ ᠰᡝᠮᡝ. *heou seme.* D'une maniere gaie. Très, superlatif.

ᡥᡝᠣᠯᡝᠨ. *heolen.* Paresse, nonchalance.

ᡥᡝᠣᠯᡝᡨᡝᠮᠪᡳ. *heoletembi.* Agir nonchalamment, faire quelque chose avec négligence et comme malgré soi.

ᡥᡝᠯ ᠰᡝᡵᡝ ᡥᡝᡵᡤᡠᡝᠨ. *hel sere herguen.*

ᡥᡝᠯᠨᡝ. *helne.* Ordonner d'aller inviter.

ᡥᡝᠯᠨᡝᠮᠪᡳ. *helnembi.* Inviter. On dit aussi ᠰᠣᠯᡳᠮᠪᡳ, *solimbi.*

ᡥᡝᠯᠮᡝᠨ. *helmen.* Ombre d'un corps opaque exposé au soleil, à la lune, à la lumiere, etc.

ᡥᡝᠯᠮᡝᡥᡝᠨ. *helmehen.* Araignée. Petite araignée à longues jambes.

ᡥᡝᠯᠮᡝᠴᡝᠮᠪᡳ. *helmechembi.* Représenter en ombre; comme lorsqu'il fait du soleil. Faire ombre. Représenter. Voir son image dans de l'eau ou dans un miroir, etc. On dit également ᡶᠣᠰᠣᡦᠠ, *fosopa*, et ᡝᠯᡩᡝᠨ ᡴᠠᡦᡨᠠᠪᠣᡠᡥᠠ. *elden kaptabouha.*

ᡥᡝᠯᠮᡝᠨ ᠣᡠᡵᠠᠨ. *helmen ouran.* Ombre des corps et de la voix. Ombre. Écho.

ᡥᡝᠮ ᠰᡝᡵᡝ ᡥᡝᡵᡤᡠᡝᠨ. *hem sere herguen.*

hembe. Begue, qui parle difficilement. On dit aussi ⟨⟩ ⟨⟩, *hele hembe.*

hemhimbi. Tâtonner en marchant. Cela se dit de ceux qui n'y voient presque pas, et qui marchent sans savoir où ils mettent les pieds.

ki sere herguen.

kina ilha. Balsamine. Fleur dont les femmes se teignent les ongles.

kikour seme. Bruit des roues des charrettes. Charger une charrette autant qu'elle peut contenir. ⟨⟩, *kikour seme teboumbi.* Cela se dit aussi des étoffes de soie, etc., qui ont le tissu très serré et qui sont très fortes. (⟨⟩, *kikour seme fisin.*)

kinoumbi. Haïr quelqu'un à mort. Ne pouvoir souffrir quelqu'un.

ki kou. Ris, ou éclat de rire, qui vient, qui part malgré soi. Éclater de rire malgré les efforts qu'on fait pour s'en empêcher. On dit alors ⟨⟩, *ki kou seme intchembi.*

kisari. Cavale ou jument stérile.

kichan. Chose ou instrument qui est toujours propre, qui conserve sa couleur.

kitala. Tuyau des plumes que les oiseaux ont à la queue et aux ailes.

kitir seme. Cela se dit des chevaux qui partent comme un trait, qui vont très vite.

KIMOU

ⵔⵚⵓⴼⵏ. *kitoumbi.* Soupirer après quelqu'un. Desirer de voir quelqu'un.

ⵔⵚⵓⵚⴼⵏ. *kitouboumbi.* Ordonner de desirer quelqu'un, de penser à lui. Être desiré. Être souhaité.

ⵔⵍⵢ ⵢⵍⵀⵉⵢ. *kila ilha.* Nom d'une fleur sauvage dont la couleur tire sur le blanc.

ⵔⵍⵀⵓⵏ. *kilahoun.* Nom d'une espece d'oiseau qui se nourrit de poissons : il est blanc, et a le cou et les ailes fort déliés ; il n'a point de queue. Il y en a de grands et de petits.

ⵔⵍⴽⵜⵛⵉ. *kilaktchi.* Nom d'une espece de petit pot à faire cuire le riz, à faire la cuisine. On l'appelle encore ⵙⴰⵢ. *saia.*

ⵔⵎ. *kima.* Chanvre de l'espece inférieure : il est plus foible que celui qu'on appelle ⵀⵓⵏⵜⴰ. *hounta;* sa tige est noirâtre, ses feuilles sont grandes et rondes. On fait des cordes avec les filaments qui environnent la tige.

ⵔⵍⵏ. *kilin.* Nom d'un animal fabuleux qui a le corps d'un cerf, la tête d'un mouton, les jambes d'un cheval, la corne des pieds et la queue d'un bœuf; il n'a qu'une corne sur la pointe de laquelle il y a de la chair : son corps est des cinq couleurs, il est haut de douze pieds. Cet animal est fort doux ; si sous ses pas il se rencontre des insectes, il se détourne pour ne pas les écraser. Il ne mange point d'herbe.

ⵔⵎⵓⵏ. *kimoun.* Ennemi, personne qu'on hait, ou dont on est haï.

⌒⸐⸑⸒ ⸐⸑. *kimoun pata.* Ennemi domestique, et ennemi contre lequel on est en guerre.

⌒⸐⸑⸒ ⸐⸑. *kimoun paita.* Fâcheuse affaire. Action ennemie.

⌒⸐⸑⸒⸑. *kimoulembi.* Haïr quelqu'un. Être ennemi de quelqu'un. Avoir la haine de quelqu'un. On dit aussi ⌒⸐⸑⸒ ⸐⸑. *kimoun tchafaha.*

⌒⸐⸑⸒⸑. *kimouleboumbi.* Ordonner d'être ennemi de quelqu'un, de haïr quelqu'un.

⌒⸐⸑⸒⸑. *kimoungue.* De la haine. De l'ennui, etc.

⌒⸐⸑⸒. *kitchebe.* Qui s'applique de toutes ses forces à quelque chose. Qui fait bien et avec soin tout ce qu'il fait.

⌒⸐⸑⸒⸑. *kimoundoumbi.* Se haïr mutuellement. Être ennemis.

⌒⸐⸑. *kitche.* Ordonner à quelqu'un de faire tous ses efforts, de s'appliquer à bien faire, etc.

⌒⸐⸑⸒. *kitchembi.* S'appliquer, faire tous ses efforts.

⌒⸐⸑⸒. *kitcheboumbi.* Ordonner de s'appliquer, de faire tous ses efforts.

⌒⸐⸑⸒. *kitchendoumbi.* S'appliquer mutuellement. Faire en général tous ses efforts. Lorsque le commun s'applique. On dit aussi ⌒⸐⸑⸒. *kitchenoumbi.*

⌒⸐⸑. *kitchen.* Application, effort qu'on fait pour bien faire.

KIA 53

kitchimi. Nom d'une espece de polype de mer. C'est aussi une injure qu'on dit aux enfants qui sont mauvais. C'est comme si l'on leur disoit : Creve, etc.

kiata. Les petits du poisson appellé *fang keou yu* en chinois. C'est un poisson qui a la bouche quarrée et la tête fort grosse.

kiakoung kikoung. Bruit des charrettes qui sont fort chargées. Bruit des choses qu'on porte. On dit aussi *kakoung kikoung.*

kien. Une rame de papier, c'est-à-dire, une certaine quantité de feuilles de papier réunies ensemble. Paquet ou amas de quelque chose.

kiak kik. Bruit que fait un gros arbre agité par le vent. Craquements des branches d'un arbre que le vent casse.

kiatouha. Cela se dit de ceux qui, depuis quelque temps, n'ont rien mangé de bon. On dit aussi *hantchaha.* Disette de bonnes choses.

kiatoumbi. Ne savoir où donner de la tête pour avoir de quoi vivre.

kiatouboumbi. Réduire quelqu'un à ne savoir où donner de la tête pour avoir de quoi vivre.

kiap seme. Aller et venir très vite. Avec propreté et élégance. Cela se dit aussi des chasseurs qui, après la chasse, se rendent tous au temps prescrit au même lieu. Juste, comme les habits qui ne sont ni trop longs ni trop courts, et qui s'ajustent bien au corps.

⟨⟩ ⟨⟩ ⟨⟩. *kiap seme kene.* Ordonner d'aller vîte, de se dépêcher. (Va vîte.)

⟨⟩ ⟨⟩ ⟨⟩. *kiap seme tchieou.* Ordonner de venir vîte. (Viens vîte.)

⟨⟩. *kiatouhapi.* Il ne sait plus où donner de la tête pour avoir de quoi vivre.

⟨⟩. *kiakou.* Nom d'une espece de poisson qu'on appelle aussi ⟨⟩. *akia.*

⟨⟩. *kiarimbi.* Cela se dit du cri ou du chant de la poule qui veut pondre son œuf. Tuer. Faire un carnage des ennemis, par exemple. Fendre du bois pour le mettre au feu.

⟨⟩. *kiariboumbi.* Ordonner de tuer, de faire un carnage. Ordonner de fendre du bois.

⟨⟩ ⟨⟩. *kiarime ouaha.* Il a tout mis à mort. Il a tout tué.

⟨⟩ ⟨⟩. *kiukiun kirangui.* La pointe des vertebres de la queue des animaux.

⟨⟩. *kiakouha.* Nom d'une espece d'oiseau de proie qui s'accouple indifféremment avec des oiseaux d'autres especes; c'est pourquoi leurs petits, tantôt d'une espece, et tantôt d'une autre, sont des oiseaux inutiles, qui ressemblent au mulet dans leur genre.

⟨⟩. *kiakoung.* Avec fracas. Avec bruit; comme une charrette qui roule sur le pavé.

KIA

ⵀⵉⴰⴽⵓⵏⴳ ⵙⴻⵎⴻ ⴽⵓⵎⴱⵉ. *kiakoung seme kouombi.* Faire du bruit comme une charrette chargée qui roule.

kiakiambi. Approuver. Louer.

kiakiaboumbi. Ordonner d'approuver, de louer. Être approuvé. Être loué.

kiakiame ferkouombi. Admirer. Être dans l'admiration de quelque chose, etc.

kiatour kitour. Bruit d'une chose très pesante qu'on transporte sur une charrette, et qui balotte, etc.

kiafour kifour. Bruit de quelque chose qu'on brise ou qu'on casse. Bruit de quelque chose que ce soit qu'on fait craquer sous la dent.

kiatar seme. Éclat de rire immodéré.

kiatar seme aktchambi. Éclats de tonnere. Comme si l'on brisoit quelque chose.

kiatar seme intchembi. Rire avec des éclats immodérés.

kiak seme. Bruit d'un bois sec que l'on brise. Bruit de quelque chose qui tombe.

kiap kip seme. D'un air délibéré. Marcher d'un air résolu. Délibérément. Prestement.

kiarkia seme. D'une maniere fastidieuse. Beaucoup de paroles et de bavarderies, etc.

kialambi. Brocher un livre : on le perce par un des côtés, et on en lie les feuillets, etc. Ranger les feuillets d'un livre l'un contre l'autre.

◠⊤⊤⌒∂⌒∩. *kialaboumbi.* Ordonner de brocher un livre.

◠⊤⊤⌒⌒. *kialang.* Bruit d'une sonnette, d'une clochette. On dit aussi ⊃⊤⊤⌒⌒. *kalang.* Bruit d'un instrument de cuivre sur lequel on frappe, ou qui heurte contre quelque chose. Bruit du métal, etc.

◠⊤⊤⌒⌒∩. *kiatambi.* Monter des pierreries en or.

◠⊤⊤⌒⌒∩. *kialamambi.* Monter des pierreries en or, en argent, etc.

◠⊤⊤⌒⌒∂⌒∩. *kialamaboumbi.* Ordonner de monter des pierreries en or, en argent, etc.

◠⊤⌒∩. *kiambi.* Monter en or, en argent, etc., des perles, des pierreries, etc.

◠⊤⊤⌒' ⋋⊢⊢⋎. *kiar seme.* Bruit qu'on fait lorsqu'on veut éviter quelqu'un. Bruit ou cri des oiseaux quand ils voient quelqu'un s'approcher d'eux.

◠⊤⊤⌒. *kiar.* Bruit des oiseaux de proie pris nouvellement, lorsque quelqu'un s'approche d'eux.

◠⊤⊤⌒ ◠⌒⌒. *kiar kir.* Bruit ou cri des oiseaux, lièvres, etc., lorsqu'ils craignent que quelqu'un ne les surprenne.

◠⊤⊤⊤⊃⊼⊃⌒∩. *kiolortchombi.* S'écouter en marchant, en faisant quelque chose que ce soit.

◠⊤⊤⌒◠⊤⊤⌒⌒∩. *kiangkiachambi.* Résister à l'ennemi, tâcher de l'emporter.

◠⊤⊤⌒◠⊤⊤⌒⌒∂⌒∩. *kiangkiachaboumbi.* Souffrir de la résistance. Ordonner de résister.

KIO

◠. *kiangtoukan.* Petite résistance. Petite victoire sur les autres. Un peu adroit à résister.

◠. *kiangkien.* Qui a du talent, de l'adresse. Qui peut tout faire.

◠. *kiangtou.* Qui ne le cede pas à d'autres. Qui est un peu adroit. Qui a du talent.

◠. *kiangtoulambi.* Emporter de force quelque chose. Qui a des talents pour l'emporter sur les autres. Emporter de force quelque chose qui ne nous appartient pas. Enlever de force. Prendre un terrain, un champ, etc.

◠. *kiangtoulaboumbi.* Ordonner de résister, de surpasser. Être surpassé, etc. Être vaincu. Être privé de quelque chose qu'on nous a enlevé de force. Ordonner d'enlever quelque chose de force.

◠. *kiukiun.* Nom d'une plante sauvage dont le tronc est creux : on la trempe dans l'eau bouillante, et on la mange ensuite.

◠. *kiamambi.* Garnir un bouton des bonnets de cérémonie. Mettre une garniture aux boutons des bonnets de cérémonie.

◠. *kia.* Rayon de miel, ou les alvéoles dans lesquelles logent les abeilles. Un rayon, ◠. *emou kia.* Le milieu de deux rayons s'appelle ◠. *hihan.*

◠. *kiokan.* Nom d'un petit instrument (c'est une espece de couteau) à l'usage des fabricants de fleches, pour racler le bois des fleches.

⌒ᴜ6. *kiao.* Chaise à porteur, Pont d'une riviere. (*Kiao* en chinois.)

⌒ᴜ6 ᴛᖭ6ᴎ. *kiao tchambi..* Faire un pont. Employer des soldats à faire un pont.

⌒ᴛ⌒. *kiri.* Patience.

⌒ᴛ6⌒. *kiripa.* Qui supporte patiemment le mal. Homme patient, etc.

⌒ᴛᖭ6ᴎ. *kirimpi.* Patienter. Être patient. Cela se dit aussi des oiseaux, etc., qui, craignant d'être chassés, se tiennent coi.

⌒ᴛ6∂ᖭ6ᴎ. *kiriboumbi.* Ordonner d'être patient, de prendre patience. Avoir des sujets de patience. Souffrir patiemment.

⌒ᴜᴜᴜᴜᴜ. *kiaoka.* Feu que l'on allume avec des feuilles d'arbres, ou de petites branches, etc. On dit aussi ∂ᴛ∂ᴜᴜ, *chachoun.*

⌒ᴜ6 ᴧᵻᴊᴜᴜ, *kiao setchen.* Chaise à porteur.

⌒⌒ᴎ ᴊᴜᴜᴜ ᴧᵻᖭᴜ. *kiki kaka seme.* Éclats de rire de plusieurs personnes. On dit aussi ᴊᴜᴜᴜ ⌒⌒ᴎ, *kaka kiki.*

⌒ᴛ6. *kirou.* Petit étendard que quelques soldats portent derriere leur dos.

⌒ᴜ6 ᴜᴜ⌒ᴜᴜᴜ. *kiao nioungniaha.* Nom d'une espece d'oie, qu'on appelle aussi ᴊᴜᴜᴜ ᴜᴜ⌒ᴜᴜᴜ. *kailoun nioungniaha.*

⌒ᴛᴜᖭ6ᴎ. *kiroumbi.* Cela se dit des chevaux étalons qui cherchent la jument.

〇〒〒〴 〴+〒〴. *kias seme.* Cela se dit des choses dures et fortes qu'on casse, et qui font du bruit. Bruit des choses lorsqu'on les casse.

〇〒〒〒. *kifour.* Bruit de plusieurs choses qui tombent toutes à la fois. On dit aussi 〇〒〒〒 〴+〒〴. *kifour seme.* Bruit de quelque chose qui craque sous la dent.

〇〒〒 〴+〒〴 〇〒〇〒〴. *kir sere herguen.*

〇〒〴〴. *kirsa.* Nom d'une espece de renard.

〇〒〴〴 〒〒〇. *kirsa tchapi.* La peau molle des deux côtés du renard appellé 〇〒〴〴, *kirsa.* On appelle encore cette peau 〒〒〒〴〴 〒〒〇. *tchintahan tchapi.*

〇〒〒〒. *kirfou.* Nom d'une espece de poisson qui ressemble à celui qu'on appelle *tsien hoang yu* en chin.; il a la peau fine et blanche, et a six pieds de long : sa queue n'est pas bonne à manger comme celle du *tsien hoang yu.*

〇〒〴 〴+〒〴 〇〒〇〒〴. *kin sere herguen.*

〇〒〴. *kin.* Instrument de musique, nommé aussi *kin* en chinois.

〇〒〴. 〴〒〴. *kin, che.* Deux instruments de musique, le *kin* et le *che.* C'est une des huit sortes de sons qui sont rendus par les instruments ; c'est le son des cordes 〴〒〒〒〒 〇 〇〒〴 〴〒〴. *sirgue y kin che.*

〇〒〒 〴+〒〴 〇〒〇〒〴. *king sere herguen.*

〇〒〒. *king.* Bruit de quelque chose qu'on coupe et qui tombe par terre. Espece d'instrument à-peu-près semblable à une cloche. Nom d'un instrument de musique appellé *king.*

ᓄᕐᒃ ᐊᑦᔭᓯ ᓕᕆᐅᓯ. *kip sere herguen.*

ᓄᕐᒃ ᐊᑦᓯ. *kip seme.* Bruit d'un coup de poing qu'on donne fortement à quelqu'un.

ᓄᕐ ᐊᑦᔭᓯ ᓕᕆᐅᓯ. *kil sere herguen.*

ᓕᕐᔭᕐᓇ. *kilhana.* Nom d'une plante qui porte des graines; ses feuilles sont petites, sa tige haute; on en fait des manches de fouet. Si on jette ses chatons contre quelqu'un, ils s'attachent sur les habits. On l'appelle aussi ᑲᑉᑕᑯ ᐅᕐᓱ. *kaptakou orho.*

ᓕᑦ ᐊᑦᔭᓯ ᓕᕆᐅᓯ. *kim sere herguen.*

ᓕᑦᔨ. *kimtchi.* Ordonner à quelqu'un de faire avec précaution.

ᓕᑦᔨᑯ. *kimtchikou.* Précaution. Quelque chose qui est fait avec grand soin. Homme attentif, qui sait considérer tout ce qu'il faut dans une chose.

ᓕᑦᔨᒥᐱ. *kimtchimbi.* Faire avec soin, avec précaution. Examiner, considérer, s'informer scrupuleusement, chercher avec soin, etc.

ᓕᑦᔨᐳᒥᐱ. *kimtchiboumbi.* Ordonner d'examiner attentivement, de considérer, de faire avec soin, etc.

ᓕᑦᔨᓐᑐᒥᐱ. *kimtchindoumbi.* Lorsque le commun considere, examine attentivement, etc. On dit encore ᓕᑦᔨᓄᒥᐱ. *kimtchinoumbi.*

ᓕ ᐊᑦᔭᓯ ᓕᕆᐅᓯ. *ki sere herguen.*

ᓕᓇ. *kina.* Nom d'une espece de papier doré. Nom d'une espece de trébuchet à prendre les martres zibelines, etc. On met deux chevilles qui sont attachées au bout d'une espece d'arc, une de chaque côté : on trouve le moyen de lever cet arc, lequel tombe sur la bête lorsqu'elle mord à l'appât.

kihouchambi. Demander avec instance. Louer pour exciter la compassion de celui dont on veut avoir quelque chose. Prier instamment.

kihouchame paimbi. Demander quelque chose avec très grande instance. Prier instamment pour avoir quelque chose.

kihou saktambi. Cela se dit des comestibles qui sont trop vieux, qui sentent le rance ou le gâté, etc.

kipaha. Quelque chose qui s'est desséché par la longueur du temps. Ce qui est au fond de la marmite où l'on fait cuire le riz, qui est plus sec que le reste et comme brûlé. (Le gratin.)

kipalambi. Coller une chose contre une autre pour la rendre plus belle ou plus solide ; comme coller du papier, de la toile, de la soierie sur quelque meuble, etc.

kipalaboumbi. Ordonner de coller.

ki pouhou. Espece de daim dont le corps est fort petit ; il a les jambes du daim et les cornes du cerf : il vient dans les pays méridionaux.

kipahanambi. Cela s'est desséché. Cela se dit aussi d'un crachat, par exemple, de l'ordure qui, étant tombée sur les habits, s'est séchée, et a fait une croûte. Le fond de la marmite est tout sec. La cire d'oreille s'est séchée.

kipan. Carton fait avec du papier ou de la toile, pour faire des semelles de pantoufles ou de bottes.

kisaboumbi. Faire un grand carnage des ennemis, de façon qu'il n'en reste point. On dit aussi *kisaboume ouaha.* Il a tout tué.

kisaka. Ils sont tous morts, il n'en reste plus. Tous les ennemis sont morts.

kisé. Putain, femme de mauvaise vie, comédienne, coureuse : c'est une injure qu'on dit aux femmes.

kisan. Cela se dit des animaux qui muent. On dit alors *kisan halambi.* C'est seulement pour les quadrupedes.

kisoun. Parole, mot. Baguette avec laquelle on bat sur le tambour.

kisoun moudan. Discours.

kisoure. Ordonner à quelqu'un de parler.

kisourembi. Parler, discourir, etc.

kisoureboumbi. Ordonner de parler.

kisourehe sonkoi obou. Faites comme vous avez dit.

kisoun pantchinarakou. Il ne sauroit parler. Il n'a pas le mot à dire.

kisourenembi. Aller dire. Aller parler.

◌, *kisourentchimbi.* Venir parler.

◌. *kisoun ni fejen.* Paroles de médisanses souvent répétées.

◌. *kisoun foulibourakou.* Il ne sauroit parler de colere, de douleur, etc. On dit aussi ◌. *kisoun pantchinarakou.*

◌. *kisoun kouitchouka.* Paroles qui sont d'accord avec ce qu'un autre dit. Paroles qui s'accordent. On dit encore ◌. *noukatchouka.*

◌. *kisourendoumbi.* Lorsque le commun parle. Parler en commun.

◌. *kita.* Espece de lance ou de hallebarde. Ordonner de comprimer, de presser quelque chose. Ordonner de saler. Ordonner d'assoupir, de cacher. Faire couver des œufs. Espece de lance crochue.

◌. *kitachaboumbi.* Être opprimé.

◌. *kitambi.* Cela se dit de ceux qui, à l'exercice de la lutte, abattent leurs adversaires. Cacher quelque chose. Assaisonner quelque chose. Couver des œufs. Lorsque les oiseaux couvent. Mettre le sceau sur un contrat, etc. Forcer quelqu'un à boire du vin. Cacher, enlever quelqu'un de force. Poursuivre l'ennemi qui est déja en déroute, le serrer de près. Unir le bout de la fleche qu'on vient de raccommoder, en le liant avec un cordon ou une ficelle. Cela se dit encore des hommes, des chevaux, etc., qui baissent la tête.

◌. *kitaboumbi.* Ordonner de cacher, d'assoupir. Être opprimé. Être serré de près. Ordonner ou forcer quelqu'un de boire. Être forcé de boire. Être pris de tous côtés lorsqu'on s'éveille et qu'on ne sauroit remuer. Ordonner de saler, d'assaisonner des mets. Faire couver des œufs. Ordonner de presser, de poursuivre l'ennemi. Être vaincu.

kitachambi. Opprimer quelqu'un. Faire signe de la main pour faire venir quelqu'un. On dit aussi *elkimbi.* Accabler, etc.

kitalambi. Percer quelqu'un d'une lance. Tuer en perçant avec une lance.

kitalaboumbi. Ordonner de percer avec une lance. Être percé d'une lance.

kita laotan y kese. Une personne ou une chose très petite. On dit encore *kita laodan.*

kitatchan. Fleurs d'or ou d'argent qui environnent l'espece de pierrerie qui est à la partie de derriere de l'espece de chapelet que les mandarins portent pendu à leur cou. Garniture d'or et d'argent des boucles, etc., des ceintures. Morceau ou piece de fer qui est clouée sur le devant du casque. Les deux plumes qui sont sur les autres plumes de la queue des éperviers, etc. Espece d'étui ou de couverture à renfermer le casque et la cuirasse, faite de peau de sanglier, ou autre semblable. Piece de fer ou plaque de fer dans laquelle on passe le sabre et son fourreau. Tapis à mettre sur les chevaux.

ᎧᎢᏛᎻᏴᎥ. *kitanambi.* Aller attaquer à l'improviste le camp de l'ennemi. Aller investir l'ennemi pour l'enlever. Aller surprendre quelqu'un, lui enlever ses bagages, etc.

ᎧᎢᎠᎵᎪᎤ. *kitarakou.* Il ne le cachera pas. Cela ne sauroit être caché. A découvert, sans se cacher.

ᎧᎢᎪᎤ. *kitakou.* Espece de bandeau enrichi de pierreries, de perles ou d'autres choses semblables, que les femmes mantchoux mettent à leur tête. Morceau de cuivre ou d'autre métal, etc., qu'on met sur une feuille de papier lorsqu'on écrit, pour l'empêcher de voltiger, et pour la fixer. Espece de plaque d'argent ou d'or garnie de pierreries, de perles, etc., que les femmes chinoises portent sur leur front. Espece d'instrument de pierre d'agate ou d'acier pour polir des ouvrages d'or et d'argent.

ᎧᎢᎳᎳ. *kilara.* Son de voix aigu et clair. Qui a la tête fort luisante et sans cheveux, chauve.

ᎧᎢᎳᎳ ᎰᏙ. *kilara hoto.* Qui n'a pas un seul cheveu sur la tête. Qui est tout-à-fait chauve.

ᎧᎢᎳᏣᏂ. *kilatchan.* Arbre qui est mort de lui-même, et dont, à la longue, l'écorce tombe. On l'appelle aussi ᎧᎢᎳᏣᏂ Ꮌ. *kilatchan mo.*

ᎧᎢᎴᎻᏆ. *kilembi.* Verser du vin devant un mort. C'est une cérémonie par laquelle on va verser du vin deux à deux devant le mort. On dit aussi ᏨᎢᎴᎻᏆ. *tchingnembi.*

ᎧᎢᎴᏣᎻᏆ. *kilerchembi.* Faire l'étonné sur quelque

chose. Éviter quelqu'un qu'on ne voit pas volontiers. S'esquiver. On dit aussi ⵀⵉⵍⵔⵜⵛⵎⴱⵉ, *kilertchembi*, et ⵜⵛⵉⵍⵔⵛⵎⴱⵉ, *tchilerchembi*.

⵿⵿, *kili*. Racine des cornes.

⵿⵿, *kitchouke*. Dont on doit rougir, dont on doit avoir honte, etc.

⵿⵿, *kia*. Ordonner de racler avec un petit couteau, etc.

⵿⵿, *kiambi*. Racler.

⵿⵿, *kiaboumbi*. Ordonner de racler.

⵿⵿, *kiaha*. Lorsque les feuilles tombent des arbres.

⵿⵿, *kilatchambi*. Lorsqu'on a la fievre et qu'on a des inquiétudes.

⵿⵿ ⵿⵿, *kiaha sihambi*. Lorsqu'après l'automne les feuilles des arbres tombent.

⵿⵿, *kiapi*. Écailles ou parcelles de fer qui s'ôtent et se détachent du morceau de fer qu'on bat. Eclats qui se détachent lorsqu'on frappe sur un morceau de bois.

⵿⵿, *kiapan*. Question; elle consiste à mettre des bâtons entre les doigts des criminels et à les serrer.

⵿⵿, *kiabinambi*. Cela se dit des parcelles de fer ou de bois, etc., qui se détachent de la superficie du morceau sur lequel on bat.

⵿⵿ ⵿⵿ ⵿⵿, *kia sien leke*. Petits pains dans lesquels on met des jujubes.

KIA

𐊀𐊀𐊀 𐊀 𐊀𐊀𐊀. *kiahoun y ochoho.* Les serres des oiseaux de proie.

𐊀𐊀𐊀. *kiabalambi.* Serrer des deux côtés, comprimer, donner la question.

𐊀𐊀𐊀. *kiabalaboümbi.* Ordonner de serrer des deux côtés, de donner la question.

𐊀𐊀𐊀 𐊀𐊀𐊀. *kiapan kitambi.* Étendre les filets pour prendre des poissons. Cela se dit d'un gros filet.

𐊀𐊀𐊀 𐊀𐊀𐊀. *kiapan koulha.* Bottes de peau ou de cuir.

𐊀𐊀𐊀. *kianakou.* Maniere de parler pour dire: Il s'en faut bien ; Il faut en ôter ; Diminuez-en ; Pas tant, etc.

𐊀𐊀𐊀 𐊀𐊀𐊀. *kiahoun maktambi.* Lâcher l'épervier.

𐊀𐊀𐊀 𐊀𐊀𐊀. *kiapi chopin.* Nom d'une espece de pâtisserie ronde, etc.

𐊀𐊀𐊀. *kiahoun.* Épervier, oiseau de proie propre à la chasse du lievre, du faisan, etc.

𐊀𐊀𐊀 𐊀𐊀𐊀. *kiahoun tchetchike* Nom d'une espece d'oiseau qui ressemble à celui qu'on appelle *ki ling* en chinois; son corps est gros, son bec pointu et crochu : on l'éleve à prendre des oiseaux. On l'appelle aussi 𐊀𐊀𐊀 𐊀𐊀𐊀. *merguen tchetchike.*

𐊀𐊀𐊀. *kiasé.* Tablettes, espece d'armoire. (*Kia tsée* en chinois.)

𐊀𐊀𐊀 𐊀𐊀𐊀. *kiahoun yasa.* Nom d'une plante sauvage qui ressemble aux pommes de pin, quant à la figure. On en extrait une eau acide qu'on boit.

kiatarambi. Frustrer quelqu'un d'une partie de son salaire. Retenir quelque chose de la paie d'un soldat. Usurper quelque chose. S'approprier mal-à-propos les choses d'un autre ; le faire sans qu'on s'en apperçoive.

kiataraboumbi. Ordonner de frustrer quelqu'un d'un salaire dû, de lui retenir sa paie, etc. Être frustré d'une partie de son salaire, etc.

kialanoumbi. Se fendre. Avoir des fentes.

kialou. Fente qui est dans les pierres, dans le bois, dans l'ivoire, etc. On l'appelle aussi *fiartoun kialou.*

kialou paimbi. Chercher des crimes à quelqu'un.

kialambi. Interrompre. Lorsqu'on donne quelque chose à quelqu'un, cesser quelque temps pour ne pas l'accoutumer, ou pour d'autres raisons. Faire une division dans un appartement. On dit également *kialahatchambi.* Dans la distribution qu'on fait entre plusieurs personnes, partager chacun suivant son mérite.

kialahatchambi. Interrompre de temps en temps son emploi. Aller quelques jours faire son emploi, et s'absenter plusieurs autres. Distribuer de temps en temps, et de temps en temps interrompre cette distribution. Interrompre.

KIA

kialtou. Nom d'une espece de poisson de mer.

kialakou. Séparation dans une chambre, dans une armoire, etc.

kialaboumbi. Ordonner de mettre une séparation dans une chambre, dans une armoire, etc. Être séparé de quelqu'un par une montagne, par des rivieres, etc.

kiatchan. Les sujets, les vassaux d'un régulo. On les appelle aussi *koutchou kiatchan.*

kiatchi. Quelque chose qui est fait de sorte qu'il n'est pas fort ni de durée.

kiangtou. Espece de haricot. Nom d'une espece de pain fait avec le *kiang teou* des chinois; il est long comme un bâtonnet à manger, et quarré: on le mange avec du vermicelle.

kiabsahoun. Homme foible, qui ne sauroit faire rien de ce qui demande de la force.

kiabsarakapi. Cet homme est très maigre et très foible; il a maigri.

kialhambi. Lorsqu'on donne à plusieurs personnes, en omettre une à qui l'on ne donne rien.

kiari. Ordonner de faire des recherches, d'examiner si tout le monde est à son devoir.

kialhaboumbi. Ordonner de passer, d'omettre quelqu'un sans lui donner.

⸺, *kiarimbi*. Sortir de sa maison pour aller dans un autre lieu. Examiner si tout le monde est à son devoir. Faire la garde. Faire la patrouille. Aller passer les vacances ailleurs. Aller faire sa ronde, sa visite.

⸺, *kiariboumbi*. Ordonner de rechercher, d'examiner si tout le monde est à son devoir. Ordonner de passer ailleurs les vacances, le temps qu'on a de libre, etc.

⸺, *kiarinambi*. Aller examiner si tout est dans l'ordre. Aller faire sa ronde, sa visite.

⸺, *kiara mo*. Bois dont on fait des bûches, des morceaux, des pieces, en le coupant avec la hache. On l'appelle aussi ⸺ *kiariha mo*.

⸺, *kiarime keterembi*. Visiter. Faire la revue comme les inspecteurs ou les commissaires.

⸺, *kiarintchimbi*. Venir visiter. Venir faire la revue.

⸺, *kiin*. Nom d'une espece de fleur qui sert pour la teinture en bleu. Teindre en bleu, se dit *faifouhalambi*. ⸺.

⸺, *kianga*. Homme poli, qui a des manieres.

⸺, *kien fien*. Suivant la raison, sans s'écarter, sans détour.

⸺, *kien fien y kamambi*. Disposer tout suivant la justice, l'équité, la droiture. Interroger directement, sans détour.

kien kien ni. Chaque espece de chose.

kiahaltchambi. Cela se dit d'un cheval qui va fort bien.

kiamoun. Lieux sur la route où les mandarins et ceux qui sont envoyés pour des affaires publiques, trouvent des chevaux, etc., où ils logent. Poste. Relais.

kiamoulambi. Faire une poste. Aller d'une poste à l'autre. S'arrêter dans les lieux où il y a poste, etc. Courir la poste.

kiamoulaboumbi. Ordonner d'aller dans les lieux où il y a poste, de courir la poste.

kiai. Rue. Rue droite, etc. (*Kié. Ku* en chin.)

kiantcheou. Nom d'une espece de toile faite avec la soie d'un ver particulier. (*Kien tcheou* en chinois.)

kiap. Cri des petits chiens qui aboient contre quelqu'un.

kiar kiar. Cri des oiseaux qui sont pris. Cri des singes.

kiar kir. Cri des petits animaux qui ont faim et qui appellent leur mere.

kiakta. Cela se dit lorsqu'en automne toutes les feuilles des arbres sont tombées, et sont en monceaux sur la terre. On dit alors *kiakta sihaha*, ou bien *kiaha sihaha*.

kiangjembi. Cela se dit des chiens qui crient lorsqu'on les attache malgré eux.

kiakta. Nom d'une espece de petit couteau dont la lame et le manche sont courbés. Serpette.

kiang. Fleuve de la Chine, nommé *Kiang* en chinois. Cri des chiens lorsqu'on les attache malgré eux.

kianka peri. Nom d'une espece d'arc fait seulement avec de la corne de buffle.

kialhouha. Bois dont on a laissé tomber l'écorce après l'avoir coupée, et qu'on laisse sécher peu-à-peu. On dit alors *kialhouha mo.*

kiarguien seme. Sans discontinuer ses reproches. Reprocher sans cesse. Alors on dit *kiarguien seme petchembi.*

kiangkou. Paresse, oubli de ses devoirs.

kiankouchambi. Être paresseux à faire son devoir. Manquer à son devoir. Ne pas remplir ses obligations.

kiangnakou. Excuser ; comme lorsqu'on a commis quelque faute, et qu'on s'en défend opiniatrément.

kiangna. Ordonner d'expliquer un livre, par exemple.

kiangnambi. Expliquer, développer le sens d'une chose. Expliquer un livre.

kiangnaboumbi. Ordonner d'expliquer.

KIO

◌◌, *kiangnakouchambi.* Expliquer difficilement quelque chose. Expliquer inutilement quelque chose, parceque celui à qui on l'explique ne le comprend pas.

◌◌, *kiangnadoumbi.* Lorsque le commun explique quelque chose. Expliquer en commun. On dit encore ◌◌, *kiangnanoumbi.*

◌◌, *kio.* Espece de dragon. (*Kiao* en chinois.)

◌◌, *kiosé.* Nom d'une espece de pâtisserie ou de pain fait avec du millet, dans lequel on met des haricots ou autre chose semblable; il est un peu long, et on le fait cuire dans l'huile ou la graisse. On le nomme ◌◌ ◌◌, *kiosé efen.*

◌◌ ◌◌, *kios seme.* Bruit de quelque chose qui tombe.

◌◌ ◌◌, *kiop seme.* Bruit que fait la fleche de l'exercice en partant.

◌◌, *kiun.* C'est le nom d'une mesure chinoise qui pese 13 livres. On dit ◌◌ ◌◌, *emou kiun.* Un *kiun.*

◌◌, *kiotchan.* Lieu où l'on fait l'exercice militaire. (*Kiao tchang* en chinois.)

◌◌, *kiolo.* Le haut du front. La partie de la tête qui est au-dessus du front, appellée ◌◌, *chenguin.*

◌◌ ◌◌, *kior seme.* Bruit qui se fait dans le ventre lorsqu'il est vuide, et qu'on a faim. Mon ventre grouille, ◌◌ ◌◌ ◌◌, *kior seme kouombi.*

○○○○○○○. *kioholohopi.* Avoir le sourcil et la barbe hérissés de colere.

○○○○. *kikimbi.* Couvrir un conduit, un canal, etc.

○○○○○. *kikiboumbi.* Ordonner de couvrir un conduit, un canal.

○○○○○○. *kikihangue.* Tu es un ventre pourri. C'est une injure tartare qui revient à ce ventre pourri que je viens de dire.

○○○○○ ○○. *kirangui pai.* Dames à jouer, ou tablettes d'os. (*Kou pai* en chinois.)

○○○○. *kiratou.* Bêtes qui ont les os gros, qui sont plus gros que le commun de leur espece.

○○○○. *kiran.* Les ossements d'un mort. Le cadavre d'un homme.

○○○○○○. *kiratounga.* Homme qui a les os gros, qui est grand et fort.

○○○○○. *kirangui* Os. Ossements.

○○○○○ ○○○. *kirangui tchalan.* Jointure, l'endroit où deux os s'emboîtent l'un dans l'autre.

○○○. *kihi.* Peau, ou cuir où il y a du poil. On l'appelle aussi ○○○○. *soukou.* Peau de cerf qui a des poils.

○○○ ○○○. *kihi tchiptcha.* Peau d'un faon de biche.

○○○○ ○○○○. *kiran tchafambi.* Transporter les cendres d'un cadavre qu'on a brûlé.

○○○. *kiri,* (impératif de ○○○○. *kirimbi.*) Ordonner de rogner le superflu du papier ou de quelque autre chose. Pour le papier, on dit alors ○○○○○ ○○○○. *hochan kirimbi.*

kirin y pŏ. Les maisons ou les appartements qui sont aux côtés de la porte.

kirimbi. Couper, rogner le superflu d'un habit, d'une peau, du papier, etc. Rogner les bords de quelque chose. Couper ce qui déborde, etc.

kiriboumbi. Ordonner de rogner, de couper le superflu.

kirin efoulembi. Couper ou rompre la glace tout à l'entour, pour pouvoir jeter commodément le filet, et empêcher que le poisson ne se sauve sous quelque morceau de glace.

kirou. Physionomie, figure, apparence, contenance. Forme de l'arc.

kiroumbi. Rougir. Avoir honte, etc.

kirou satchimbi. Faire une forme de l'arc, un étui pour l'arc.

kirou sain. Sa maniere de lancer une fleche est fort bonne.

kiroutou. Qui a de la honte de faire le mal. Homme qui rougit aisément, qui sait rougir. Qui a de la vergogne.

kiroutchoun. Honte, vergogne, sentiment qui s'éleve dans le cœur lorsqu'on a fait quelque chose de mal, etc.

kirouboumbi. Faire rougir quelqu'un. Ordonner à quelqu'un d'avoir de la honte.

kirouha. Il a rougi. Il a eu honte, etc.

kioroboumbi. Battre quelqu'un jusqu'à le mettre hors de tout sentiment. Être battu à mort jusqu'à perdre tout sentiment.

kiorokopi. Il a été battu jusqu'à perdre toute connoissance.

kiong seme. Bruit des ailes du phénix et des oiseaux lorsqu'ils volent.

kilatchan hoto. Teigneux. Qui a la teigne à la tête. On dit aussi *kilatchin hoto*.

kian. Ce qui convient. Ce qu'il faut. Doctrine. Un appartement, ou, pour mieux dire, une partie d'appartement.

kir sere herguen.

kirkoumbi. Être entièrement occupé d'une seule chose. Ne penser qu'à une chose. S'appliquer de toutes ses forces. Faire tous ses efforts.

kirtan. Les rognures, ou, pour mieux dire, les lisieres de quelque toile, étoffe, etc. Les bords d'un morceau de viande coupée et qui est plus sec que le reste. Le bord de l'étendard. On appelle aussi une espece d'étendard bordé *kirtan tou*. Flocons ou lambeaux d'étoffes de toutes sortes de couleurs qui sont sur le bonnet de l'enchanteur lorsqu'il évoque les esprits. Espece de petit étendard.

kin sere herguen.

kin. Poids d'une balance. Instrument à peser, une livre; elle est composée de seize onces. (*Kin* en chinois.)

᠊᠊᠊᠊᠊ *kin ni ilha.* Les divisions de la balance.

᠊᠊᠊᠊᠊ *kin ilha.* Piece de soie à petites fleurs de différentes couleurs. On l'appelle aussi ᠊᠊᠊᠊᠊ *tartan.*

᠊᠊᠊᠊᠊ *kintala.* Nom d'une plante; c'est le céleri. (*Kin tsai* en chinois.)

᠊᠊᠊᠊᠊ *kintou.* Espece de barriere qu'on met sous les tentes en hiver, pour empêcher la paille de s'éparpiller. Piece de bois que l'on met autour de la paille qui est sous la tente en hiver.

᠊᠊᠊᠊᠊ ᠊᠊᠊᠊᠊ *kintchihien chopin.* Nom d'une espece de pâtisserie faite avec du jergolin, ou bien avec de la farine ordinaire; elle est très luisante.

᠊᠊᠊᠊᠊ *kintchihien.* Quelque chose qui est propre, luisant, etc. Quelque chose qui est bien apprêté, qui est proprement apprêté. Amas d'herbes, de plantes, etc., qui croissent également, et qui font un joli coup-d'œil. Avec propreté. Couleur brillante, par exemple; coloris beau à voir, brillant.

᠊᠊᠊᠊᠊ ᠊᠊᠊᠊᠊ *kintchihien leke.* Nom d'une espece de pâtisserie faite avec de la farine de vermicelle et de l'huile de chanvre.

᠊᠊᠊᠊᠊ ᠊᠊᠊᠊᠊ *kin tsien ki.* Nom d'une espece de poule sauvage qui ressemble au paon, et qui a les plumes de couleur verte, avec des yeux comme ceux du paon. (*Kin tsien ki* en chinois.)

᠊᠊᠊᠊᠊ ᠊᠊᠊᠊᠊ *kintchoule pourha.* Nom d'une espece d'arbre qui vient dans les forêts, dans les lieux à l'abri du soleil; il vient fort haut, et n'a point de maîtresses branches : ses feuilles ressemblent à celles du saule : sa racine et son écorce sont violettes ou noires sa cime est rougeâtre.

kin ki. Nom d'une espece de poule sauvage qui ressemble au faisan, mais qui est un peu plus petite; ses plumes sont de différentes couleurs. (*Kin ki* en chinois.)

king sere herguen.

king. Nom des veilles de la nuit; il y en a cinq. *King* chinois, ou livres sacrés parmi les Chinois.

kingneboumbi. Ordonner de peser quelque chose, de tenir à deux mains les viandes, le vin, etc., qu'on offre aux esprits.

kingnembi. Peser quelque chose qu'on offre aux esprits. Mettre sur des bassins les viandes, le vin, etc., et les offrir avec les deux mains levées. Rendre ses hommages, ses respects, etc.

kingkambi. Avoir le cœur navré. Avoir un chagrin secret. Avoir des sujets de tristesse, de chagrin, etc.

kingkaboumbi. Recevoir du chagrin de la part de quelqu'un. Avoir le cœur serré sans pouvoir parler.

kingkaha kounin. Chagrin, tristesse. Avoir le cœur serré, etc.

kingatchouka. Qui donne du chagrin. Chagrinant, triste, etc. Qui brise les nœuds de l'amitié.

kingjembi. Cela se dit d'une espece de ronflement ou de plainte que font les chiens en dormant. Parler en sanglottant, ou d'un ton entrecoupé de soupirs. Soupirer. Réciter comme ceux qui apprennent à lire.

kingoun. Respect, hommage. (*King* en chinois.)

kingoule. Ordonner de respecter, de rendre hommage. (Impératif de *kingoulembi.*)

kingoun kountou. Respect, hommage extérieur et intérieur. On dit aussi *kopto.*

kingoutchi. Fidélité, droiture, respect envers ses supérieurs, etc. Personnage doué de ces vertus.

kingoulembi. Honorer, respecter. Faire honneur. Rendre hommage. Écrire en lettres majuscules ou d'impression, par honneur, etc.

kingouleboumbi. Ordonner de respecter. Être respecté. Ordonner d'écrire en lettres majuscules ou d'impression.

kingouleme arambi. Écrire d'une maniere honorable.

king hetchen. Lieu où est la capitale. Capitale de l'empire. (*King tcheng* en chinois.)

kinguin. Espece de bâton qu'on attache au cou d'un chien pour l'empêcher de mordre ou de courir après les passants, etc.

king forimbi. Battre les veilles. Battre les cent coups des veilles de la nuit.

kis sere herguen.

kista. Le commencement des nerfs. Homme qui est continuellement sur ses gardes, qui est attentif à tout pour le bien de la maison.

kip sere kerguen.

kip seme oho. Être étourdi de quelque grand bruit, de sorte qu'on soit quelques moments sans pouvoir entendre.

kio sere herguen.

kio. Nom d'une espece de cerf.

kio oura. Nom d'une espece de plante qui vient sur l'arbre appellé *tcha mou* ou *tso mou* en chinois; elle est blanchâtre, molle et flexible; sur sa surface il y a des especes de poils de jambes de cerfs: on la fait cuire et on la mange.

kiohambi. Chercher sa vie. Demander sa nourriture. Mendier son pain sans rougir.

kiohoto. Mendiant, qui mendie son pain.

kiohochombi. Mendier de tous côtés.

kio holhon. Nom d'une plante sauvage dont la racine est fort odoriférante. On l'appelle aussi *holhotchi.*

kiokin. Le dedans de la main. La paume de la main.

kiotohon. Qui a un air délibéré, adroit et entendu dans tout ce qu'il fait. Quelque chose qui a belle apparence.

KIL

kiokin arambi. Se recueillir en joignant les deux mains comme font les bonzes pour prier.

kiuansé. Espece de *cha* sur lequel on peint, etc. (*Kien cha* en chinois.)

kiokien. Quelque chose qui a de la propreté, de l'élégance, etc. Homme d'une physionomie agréable, qui est propre, etc.

kiuen. Cuivre rouge.

kioro. C'est le nom qu'on donne aux descendants de la famille impériale, et qui portent la ceinture rouge.

kil sere herguen.

kilhambi. Détruire quelque chose par le feu. Réduire en cendres quelque chose. Quelque chose qui est entièrement détruit, consumé, dont il ne reste plus rien. On dit au prétérit *kilhaha.*

kilha inengui. Temps très beau, clair et sans aucun vent.

kiltahoun. Quelque chose qui a du brillant, de l'éclat, etc.; qui est propre, net, sans tache, etc.

kiltajekou. Nom d'une espece de soierie qui a des fleurs d'or.

kilta kilta. Éblouissement qui se fait dans les yeux lorsqu'ils sont frappés par un éclat trop brillant.

ⵀⵜⵔⵅⴷⵔⴼⵀ. *kiltarchambi.* Éblouir les yeux, etc. Être très brillant, luire comme les plumes du faisant exposées au soleil.

ⵀⵜⵔⵇⵏ ⵀⵜⵔⵇⵏ. *kilta kilty.* Brillant, resplendissant. Avec éclat et splendeur.

ⵀⵜⵔⵅⴷⵔⴼⵀ. *kiltarilambi.* Briller, luire, éblouir les yeux comme les écailles de certains poissons, et les coquilles, etc.

ⵀⵜⵔⵔⵏ. *kiltchan.* Attention qu'on a de ne pas faire aux autres ce qu'on ne voudroit pas qu'on nous fît.

ⵀⵜⵔⵇⵅⵀ ⵡⵓⵔⵜⵅⵀ. *kiltari niueri.* Brillant d'une cuirasse. Brillant d'une étoffe de soie. Brillant d'un grand nombre de lumieres dans une même chambre. Brillant d'un appartement bien paré. Brillant des étoffes de couleur rouge et bleue, ou verte. On dit de même ⵀⵜⵔⵇⵅⵀ ⵡⵓⵔⵜⵅⵀ. *kiltari niuari.*

ⵀⵜⵔⵇⵓⵔⵔⵏ. *kiltoukan.* Agréable, gracieux, brillant, etc.

ⵀⵜⵔⵔⴼⵀ. *kiltchambi.* Ne pas faire aux autres ce qu'on ne voudroit pas qu'on nous fît. Traiter les autres comme soi-même. Être plein d'indulgence.

ⵀⵜⵔⵔⴱⴼⵀ. *kiltchaboumbi.* Ordonner d'avoir de l'indulgence. Être bien traité.

ⵀⵜⵔⵔⵏⵉⵔ. *kiltchanga.* Indulgent, compatissant. Qui traite bien les autres.

ⵀⵜⵍⴼⵅⵔⴼⵀ. *kilmartchambi.* Quelque chose qui a de l'éclat, qui brille. Qui a le visage brillant, luisant, beau. Avoir de l'éclat, tant pour le moral que pour le physique.

HITA

ཅྃ ᨀᨠᨎ ᨆᨘᨉᨑ, *hi sere herguen.*

ᨆᨍᨑ, *hihan.* Chose rare. Chose précieuse, propre, etc.

ᨆᨍᨍᨈᨅᨎ, *hihalambi.* Faire cas, estimer quelque chose de précieux.

ᨆᨍᨍᨋᨃ, *hihalarakou.* Qui n'est pas estimable, qui ne mérite pas qu'on en fasse cas. Qu'on n'estime pas, etc.

ᨆᨍᨋᨃ, *hihanakou.* Peu estimable, de peu de valeur, qu'on n'estime pas. Homme qui n'a rien d'estimable, dont on ne fait aucun cas. Chose de peu de valeur, qu'on ne doit pas estimer, de peu de prix.

ᨆᨍᨃᨆᨃ, *hihoun poudoun.* Qui semble n'avoir point de santé. Qui paroît abattu, épuisé, mécontent, fâché, peu tranquille, etc.

ᨆᨍᨈᨅᨎ, *hisalambi.* Faire des libations devant un mort. Verser du vin devant un mort.

ᨆᨍᨈᨅᨆᨅᨎ, *kisalaboumbi.* Ordonner de faire des libations en l'honneur d'un mort, devant un mort.

ᨆᨉ, *hisé.* Comédien. (*Hi tsee* en chinois.)

ᨆᨈᨃᨎ, *hitahoun.* Ongles des mains et des pieds de l'homme.

ᨆᨈᨃᨌᨈᨅᨎ, *hitahouchambi.* Se servir des doigts pour affermir les plumes après qu'on les a collées sur le bois de la fleche.

ᨆᨈᨅᨎ, *hitambi.* Pelotonner sur deux bâtons en croix une corde ou une ficelle, pour empêcher qu'elle ne s'embrouille.

hita. Couverture de natte, ou natte qu'on met immédiatement sous les toits. Natte dont on se sert pour l'écoulement de l'eau lorsqu'on fait le papier. Devant d'une porte. Cheval de frise. Echalas, etc.

hiterekepi. Il a ridé le front. Son front s'est ridé de colere, le sourcil s'est hérissé, froncé.

hiterenembi. Les nuages sont ondoyés, sont comme les écailles des poissons. On dit encore *touki hiterenehe.*

hitcha. Forge, fourneau à fondre l'or et l'argent; à côté de ce fourneau ou de cette forge, il y a un soufflet.

hitchan. Exempt de tout reproche. On dit aussi *fiantchihien.* Homme modéré dans sa dépense et toute sa conduite.

hiata. Ordonner de tresser une natte, un filet. (Impératif de *hiatambi.*)

hitchoumbi. Chercher les taches, les défauts de quelque chose. Regarder s'il n'y a point de fentes dans un ouvrage en bois, par exemple. On dit de même *fiktou paimbi.* Chercher des crimes à quelqu'un, examiner sa conduite.

hiak seme. Sans répondre par une espece de dédain ou de colere.

hia. Gardes de l'empereur; ils portent une plume de paon à leurs bonnets. Ciel sec, lorsqu'il n'a plu depuis long-temps. Peloton de soie, de fil, de ficelle, etc.; ou deux bâtons en croix autour desquels on a devidé de la soie, etc.

hiatari. Barriere.

hiahan ni enguemou. Espece de selle qui a des arrêts, pour empêcher que les enfants qui montent à cheval ne tombent.

hiahan. Croupiere, courroie qui tient à la selle, et qui passe sous la queue des chevaux pour la retenir. Cheval de frise qu'on met autour d'un camp, etc.

hia chelmen. Nom d'une espece d'oiseau de proie dont le corps est plus gros que celui qu'on appelle *tsee tsoung eulh* en chinois.

hiatou. La lisiere, les deux bords d'une piece de soie, d'étoffe, de toile, etc.

hiatambi. Faire une cage pour les oiseaux. Tresser un filet pour les poissons. Tresser, entrelâcer, etc. Boucher avec du fil ou de la soie un trou qui seroit sur un habit.

hiataboumbi. Ordonner de tresser, d'entrelacer, de faire un filet, une cage, etc. ; de boucher un trou avec une aiguille et du fil, ou de la soie.

hiari. Louche, qui voit de travers, qui a la prunelle de travers.

hiapan. Toile de chanvre. Toile dont on fait des habillements d'été. (*Hia pou* en chinois.)

hiahambi. Être sens-dessus-dessous, pêle-mêle.

hiahalaboumbi. Être enveloppé dans une affaire.

hiahaboumbi. Être dans des embarras d'affaire dont on ne peut se tirer. Faire mettre tout pêle-mêle, sens-dessus-dessous.

hiahabouhapi. L'affaire est dans le plus grand embarras; on ne sauroit s'en tirer.

hiahantchambi. Mettre tout pêle-mêle, sens-dessus-dessous. Quelque affaire qui est englobée avec plusieurs autres. Embrouiller une affaire, etc.

hiebele. Nom d'un oiseau de proie.

hiahantchahapi. Cette affaire s'est embrouillée de plus en plus; on ne sauroit s'en tirer.

hiaribouha. Cela se dit du bled et des autres grains qui, dans un temps de sécheresse, ne grandissent point. On dit aussi *hangaboumbi.*

hiahantchame touheke. Amas de morts et de mourants, après une bataille, par exemple.

hiatan. Tablettes, ou garde-robe sans portes, avec des tablettes seulement placées par étages.

hiahalame taboumbi. Armer un arc. Mettre une corde à un arc, etc.; c'est-à-dire, attacher à chaque bout de l'arc un bout de la corde.

hialou. Espece d'enveloppe faite à la maniere des filets, pour y mettre des choses, etc., d'usage.

HIEN

hiaboun. Nom d'une espece de lanterne, ou de fanal, ou de lampe assez simple, puisque ce n'est qu'une tige de chanvre qu'on met dans de l'huile de chanvre.

hiasé, (*hia tsee* en chinois.) Coffre, cassette, boisseau à mesurer les grains. Nom d'une espece de cassette qu'on met au bout d'une baguette lorsqu'on évoque les esprits. C'est aussi un paquet d'herbe qu'on attache au bout d'une baguette, après l'avoir enveloppé, et qui tient lieu de la cassette. On l'appelle aussi *fourgui.*

hiaboulakou. Chandelier sur lequel on met la lampe ou lanterne appellée *hiaboun.* Le chandelier est fait avec trois bâtons qu'on perce, etc.

hiantchilaha. Amas de cerfs. Cerfs qui vont par troupeaux, par bandes en été. On dit encore *sejelehe.*

hiesé. Scorpion, insecte venimeux. Scorpion à longue queue. (*Hie tsee* en chinois.)

hien. Villes du second ordre appellées *Hien* en chinois. Bâtons d'odeurs. Pâte avec laquelle on fait les bâtons d'odeurs.

hien taboukou. Cassette, ou espece de petit vase de cuivre, de fer, etc., où l'on met les bâtons d'odeurs allumés.

hien fila. Bassin sur lequel on met les bâtons d'odeurs pour les offrir à l'esprit, etc.

hiangtou. Un peu louche. Qui a les yeux un peu de travers, dont les yeux sont moins laids que ceux de celui qu'on appelle ⟨...⟩. *hiari.*

hiangtchi. Espece de damier, de jeu de dames. (*Hiang tchi* en chinois.)

hiang seme. Cri qu'on pousse lorsqu'on veut se saisir de quelqu'un, lorsqu'on crie après lui, lorsqu'on est en colere, lorsqu'on se querelle, etc.

hiang hing seme. Avec colere. D'un air et d'un ton de colere, etc.

hiang tchoun mo. Nom d'une espece d'arbre dont on mange le bout des branches, etc. (*Hiang tchoun* en chinois.)

hiangtarchambi. Avoir un air orgueilleux et suffisant lorsqu'on fait quelque chose.

hialhoua. Tige de chanvre dont on a ôté les filaments.

hianakou. Homme qui n'a point de consistance, qui est léger et inconstant.

hiekten mo. Nom d'une espece d'arbre qui ressemble à la vigne sauvage; on en fait des chevilles pour les barques : de l'écorce on fait des especes de sifflets pour appeler les cerfs. Cette écorce est fort pétillante quand on la met au feu. On dit encore ⟨...⟩. *fiatarakou.*

hiok seme. En soupirant. En jetant un profond soupir. Son de voix des personnes qui ont quelque affliction, et qui poussent de profonds soupirs. Alors on dit ◌◌◌◌. *hiok seme setchilehe.*

◌◌◌. *hiotorchombi.* Marcher en chancelant, ou, pour mieux dire, être affaissé; comme lorsqu'on porte quelque poids au-dessus de ses forces.

◌◌◌. *hiaochoun.* Respect filial. (*Hiao choun* en chinois.)

◌◌◌. *hior hiar.* Reniflerie d'un cheval ombrageux, etc.

◌◌◌. *hior seme.* Bruit des plumes d'une fleche qu'on lance.

◌◌◌. *hior hiar seme.* Cela se dit des chevaux ombrageux qui se câbrent et vont de côté et d'autre, qu'on ne sauroit dompter.

◌◌◌. *hiotohon.* Qui a les deux bouts relevés. Homme droit comme une perche, et qui ne sauroit se courber; ou, pour mieux dire, homme qui se renverse en arriere, qui releve des deux côtés.

◌◌◌. *hiotorombi.* Relever des deux bouts, lorsque le milieu est enfoncé, comme les deux bouts de l'arc qui relevent lorsqu'on en a ôté la corde. On dit au prétérit ◌◌◌. *hiotorokopi.*

◌◌◌. *hiotoroboumbi.* Quelque chose qui releve des deux côtés.

◌◌◌. *hiapsambi.* Lécher. Cela se dit des vaches qui lechent leurs petits.

𝄞𝄞𝄞. *hiapsalambi*. Mettre un bâton sur le bras de quelqu'un qui auroit l'os cassé, et lier le bâton avec le bras.

𝄞𝄞. *hiapsa*. Muselicre, c'est-à-dire deux bâtonnets qu'on met des deux côtés de la bouche des animaux, par le moyen desquels on les fait obéir lorsqu'ils n'ont point de bride. Espece d'anneau de bois que les bêtes qui traînent la charrette, etc., ont sur leur cou, et auquel sont attachées les cordes qui tirent la charrette, etc. Les deux morceaux de bois qui sont aux deux côtés de la selle des chevaux, des mules, etc.

𝄞𝄞𝄞. *hiapsalaboumbi*. Faire mettre un bâton à un bras cassé, et le lier avec le bras.

𝄞𝄞 𝄞𝄞. *hiapsa enguemou*. Bât ou petite selle qu'on met sur les bêtes qui traînent une charrette lourde.

𝄞𝄞. *hiahou*. Bruit de quelqu'un qui a un rhume violent. Roucoulement ou râlement; ou, pour mieux dire, frémissement d'un homme en grande colere. Cri de fureur.

𝄞𝄞 𝄞𝄞. *hiong seme*. Bruit d'une fleche qui part avec force.

𝄞𝄞. *hife*. Avoine. C'est aussi le nom d'une espece de plante qui ressemble au riz lorsqu'il est en herbe. (*Pai tsee* en chinois.)

𝄞𝄞 𝄞𝄞. *hiop seme*. Bruit de la fleche d'exercice lorsqu'elle tombe.

𝄞𝄞𝄞. *hiochoulambi*. Respecter ses parents. Rendre à ses parents l'amour et le respect qui leur sont dûs.

⵿⵿⵿⵿⵿⵿⵿⵿, *hiochoulaboumbi*. Ordonner de rendre aux parents l'amour et le respect qu'on leur doit.

⵿⵿⵿⵿⵿⵿⵿. *hiochounga*. Respectueux envers ses parents.

⵿⵿⵿⵿⵿⵿⵿ ⵿⵿, *hiochounga kiu*. Fils respectueux.

⵿⵿⵿⵿⵿⵿⵿. *hiochoundoumbi*. Rendre les deux derniers devoirs à ses parents pour l'enterrement, etc.

⵿⵿⵿⵿. *hirambi*. Voir comme les miopes, les yeux à moitié fermés. Voir de travers. On dit également ⵿⵿⵿ ⵿⵿⵿. *hirame touambi*. Voir de côté. Regarder de côté quelque chose, etc.

⵿⵿⵿. *hisee*. Lieu de la montagne très scâbreux, plein de précipices, etc.

⵿⵿⵿⵿. *hiratchambi*. Épier l'occasion de voler. On dit aussi ⵿⵿⵿⵿. *hiratchame*. Attendre qu'il y ait du vuide pour aller voler.

⵿⵿, *hiri*. Être endormi. Il est endormi. ⵿⵿ ⵿⵿⵿. *hiri amhaha*. Ronfler en dormant. Dormir profondément.

⵿⵿ ⵿⵿. *hirioho*. Oublier quelque chose comme on oublie un songe. En sursaut; comme lorsqu'en marchant on heurte contre quelque chose sans y penser.

⵿⵿ ⵿⵿. *hife pele*. Avoine. Grain d'avoine.

◯. *hiri ongoho*. Je l'ai entièrement oublié. Je ne m'en suis pas souvenu du tout.

◯. *hife hara*. Nom d'une plante qui ressemble à l'avoine, et qui a des épis comme ceux de l'avoine.

◯. *hi tchée*, (*hi tchée* en chinois.) Une paire d'oiseaux qui ne se sépare jamais. C'est la tourterelle. On l'appelle aussi ◯. *erguetche niehe*, et ◯. *itchifoun niehe*.

◯. *hir sere herguen*.

◯. *hir seme*. En grommelant. En murmurant, etc.

◯. *hirha*. Pierre à feu faite avec une espece d'agate, etc.

◯. *hirhaboumbi*. Faire raccourcir, ou couper quelque chose qui est trop long, un habit, par exemple.

◯. *hirhambi*. Raccourcir quelque chose qui seroit trop long. Couper le superflu de quelque chose.

◯. *hirhouboumbi*. Ordonner d'insulter quelqu'un, d'agacer par des quolibets, des injures, etc. Être insulté, agacé, provoqué. Être heurté, frappé par quelque chose.

◯. *hirhoumbi*. Insulter quelqu'un, le provoquer par des injures, l'agacer, etc. Heurter contre quelque chose. Cela se dit des chevaux et autres bêtes qui se frottent contre quelque bois, etc., lorsque quelque partie du corps leur démange. Se gratter.

𓂀. *hirguen.* Lit d'une riviere. Vestige que l'eau courante a laissé. Bord d'un ruisseau, etc.

𓂀. *hin sere herguen.*

𓂀. *hin kirangui.* L'os de la jambe, le tibia. Le devant de cet os s'appelle 𓂀. *soutou.*

𓂀. *hing sere herguen.*

𓂀. *Hingha.* Nom d'un lieu qui est au-delà de la grande muraille, et qui est très froid.

𓂀. *hingke.* Mauvais terrain. Terre stérile. Terrain peu uni.

𓂀. *hing seme.* Maladie dangereuse. Avec danger, très grave. Tout entier à une chose. Accablé de maladie. Avec très grande force. Sans discontinuer.

𓂀. *hingue.* Un ban de poisson. Une troupe de poisson. On dit aussi 𓂀. *marou.*

𓂀. *his sere herguen.*

𓂀. *hishoun.* Pudibond. Qui rougit de la moindre chose. On dit aussi 𓂀. *kiroutou.* Qui est minutieux dans ce qu'il fait, parlant beaucoup pour la moindre chose.

𓂀. *hishan.* Tache qui est sur les habits, ou sur quelque autre chose.

𓂀. *hishaboumbi.* Ordonner d'aiguiser un couteau, un rasoir, etc.

𓂀. *hishanahapi.* Il a des taches. Il est tout taché.

𓂀. *hishambi.* Aiguiser un couteau, un rasoir. Cela se dit aussi des bêtes qui se font un passage au travers des chasseurs. Côtoyer. Ranger une muraille, etc. Râcler le briquet contre la pierre à feu. Battre le briquet. Polir du bois avec un os ou telle autre chose. Râcler.

~~~, *hit sere herguen.*

~~~, *hitha.* Morceaux ou pointes de cuivre ou de fer qu'on met en guise d'ornement sur la croupière du cheval, etc. Morceaux ou lames de fer, etc. Feuilles d'acier dont la cuirasse est faite. Gâteau de cire où sont les rayons de miel et les cellules des abeilles.

~~~, *hithalambi.* Faire les gâteaux de cire. Cela se dit des abeilles.

~~~, *hithalame kialame.* Gâteaux de cire par étages.

~~~, *hithen.* Petites caisses, plus petites que celles qui sont faites de peau, mais plus hautes.

~~~, *hithembi.* Lorsqu'on sacrifie, jeter avec un bambou quelques gouttes de vin par ci par là. Asperger, jeter de l'eau. Arroser, faire une aspersion.

~~~, *hip sere herguen.*

~~~, *hip seme.* Avec force; comme lorsqu'on lance un trait avec beaucoup de force.

~~~, *hipsou.* Douceur du miel. Miel.

~~~, *hipsou etchen.* Abeille.

ⵀⵉⵒⵟ. *hipta.* Espece d'étoffe ou de toile que ceux qui portent des fardeaux mettent en plusieurs doubles sur leurs épaules. Espece de porte-collet ou de piece qu'on met au-dessus de l'habit, près du cou.

ⵀⵉⵒⵜⵛⴰⵔⴰⴱⵓⵎⴱⵉ, *hiptcharaboumbi.* Ordonner d'épargner.

ⵀⵉⵒⵜⵛⴰⵔⴰⵎⴱⵉ, *hiptcharambi.* Épargner. Aller à l'épargne.

ⵀⵉⵒⵜⵛⴰⵔⴰⵏⴷⵓⵎⴱⵉ, *hiptcharandoumbi.* Lorsque le commun va à l'épargne. On dit encore ⵀⵉⵒⵜⵛⴰⵔⴰⵏⵓⵎⴱⵉ, *hiptcharanoumbi.*

ⵀⵉⵒⵜⵛⴰⵏ, *hiptchan.* Épargne. Qui n'a pas de reste. Qui est dans la disette. Nécessiteux.

ⵀⵉⵓ ⵙⴻⵔⴻ ⵀⴻⵔⴳⵓⴻⵏ, *hiou sere herguen.*

ⵀⵉⵓ ⵙⴻⵎⴻ, *hiou seme.* En soupirant. En tirant du fond du cœur un profond soupir.

ⵀⵉⵍ ⵙⴻⵔⴻ ⵀⴻⵔⴳⵓⴻⵏ, *hil sere herguen.*

ⵀⵉⵍⵜⴻⵔⵉ, *hilteri.* Espece de cuirasse dont les lames d'acier sont en dehors.

ⵀⵉⵍⵜⴻⵔⵉⵍⴻⵎⴱⵉ, *hilterilembi.* Faire une cuirasse. Coller des lames d'acier en forme d'écailles, pour en faire une cuirasse.

ⵀⵉⵎ ⵙⴻⵔⴻ ⵀⴻⵔⴳⵓⴻⵏ, *him sere herguen.*

ⵀⵉⵎⵜⵛⵀⵉ, *himtchi.* Quelque chose qui se brise facilement. On dit alors ⵀⵉⵎⵜⵛⵀⵉ ⴽⴻⵏⴻⵀⴻ, *himtchi kenehe;* comme qui diroit : Cela s'en est allé en pieces.

KOUBOU

hiong seme. Bruit des ailes des oiseaux lorsqu'ils volent.

kou sere herguen.

kou, (*kouo* en chinois.) Suie qui se trouve aux bords des marmites. Magasin. (*Kou* en chinois.)

kou itchoumbi. Frotter le visage de quelqu'un avec de la suie, pour rire ou s'amuser.

kouberhen. Meurtrissures, marques qui restent sur la chair, après avoir reçu quelques coups de bâton, par exemple, etc.

kounesoun. Provisions que l'on porte lorsqu'on fait voyage; mais lorsqu'on va au-delà de la grande muraille, les provisions s'appellent *tchoufelien* (ou *tchouelien.*)

kouboumbi. Chamarrer.

koupouhe. Chamarré. Qui est de deux couleurs, comme l'étendard jaune chamarré, blanc chamarré, etc.

kouberhenembi. Avoir des meurtrissures, des marques de coups de bâton. Avoir des ampoules sur la chair, après avoir été mordu des punaises, des cousins, etc.; après s'être gratté. Avoir des enflures, etc.

koubourhen. Vigne.

kouboun. Coton en fil.

kouboun y etoukou. Habit de coton.

koubouhen. Piece ajoutée à la partie d'en bas du tablier des femmes, ou de leur jupon. Bords d'un habit, etc., qui est ordinairement d'une couleur différente de l'habit.

kouchoulembi. Rebuter. Rejeter. N'être pas bien aise de voir quelqu'un, par exemple, qui ne se conduit pas selon nos idées. Avoir de l'ennui.

kouchouleboumbi. Être rejeté. Être ennuyé.

koutembi. Amarrer une barque, lorsqu'on ne veut pas marcher.

koute. Ordonner d'amarrer une barque. Espece de gros panier dans lequel on met la nourriture des bœufs comme dans une crêche.

kouteboumbi. Ordonner d'amarrer une barque.

kouchoun. Mal au cœur. Nausée. Estomac chargé. Habit roide et épais qui embarrasse. Avoir le cœur chargé. Ne pas faire volontiers quelque chose. Répugnance. Avoir le ventre trop plein. Ennui.

koute choro. Grand panier dans lequel on met les herbes qui nourrissent les bœufs. Ces paniers sont faits d'une espece d'osier. On les appelle aussi *koute*, simplement.

koutoulu. Esclave qui suit son maître. Esclave qui tient les étriers lorsque le maître monte à cheval.

⵰⵰⵰, *koutoulembi*. Amener le cheval, la mule, etc. Conduire.

⵰⵰⵰, *koutouleboumbi*. Ordonner d'amener le cheval, etc.

⵰⵰⵰, *koutoung*. Bruit d'une chose qui tombe de fort haut.

⵰⵰⵰ ⵰⵰⵰ ⵰⵰⵰, *koutour fatar seme*. Avec empressement et joie. On dit aussi ⵰⵰⵰ ⵰⵰⵰ ⵰⵰⵰, *katar fatar seme*, et simplement ⵰⵰⵰ ⵰⵰⵰, *fatar seme*.

⵰⵰⵰, *koulou*. Fort, robuste, etc. On dit de même ⵰⵰⵰, *manga*.

⵰⵰⵰ ⵰⵰⵰, *koutour seme*. Bruit de plusieurs bêtes qui se secouent. Bruit de plusieurs chevaux qui vont vite.

⵰⵰⵰, *koutourtchembi*. Prendre un air respectueux envers ceux de qui l'on attend quelque chose, ou envers ses supérieurs. Saluer respectueusement quelqu'un. Prendre un air doux et patient envers ceux qui s'impatientent.

⵰⵰⵰, *koumon*. Musique.

⵰⵰⵰ ⵰⵰⵰, *koumoun y nialma*. Musicien. Homme qui chante ou joue des instruments.

⵰⵰⵰ ⵰⵰⵰, *koumoungue chemengue*. Appareil réjouissant, fête, spectacle.

⵰⵰⵰, *koumoungue*. Appareil réjouissant. Fêtes que des freres ou des amis se donnent entre eux.

ꙮꙮ. *kouhe.* Gros et gras.

ꙮꙮ. *kouhen.* Nom de la partie intérieure qui tient le foie, le cœur, le poumon attachés à l'os du dos. Rejeton qui sort de la racine d'un arbre. Le dos d'un couteau. Gros et petit tranchant d'une espece de fleche.

ꙮꙮ. *kouhengue.* Espece d'injure; comme qui diroit : Puisses-tu crever de graisse ! ou bien : Gras comme un cochon.

ꙮꙮ. *koukoulou.* Poils des chevaux, des mules, etc., qui sont entre les deux oreilles. Plumes que les oiseaux ont sur la tête.

ꙮꙮ. *koukou foulan.* Cheval pommelé, ou gris-pommelé.

ꙮꙮ. *koukoulembi.* Mettre la poitrine d'une bête sur une plaie dangereuse pour en ôter le venin.

ꙮꙮ. *koukourembi.* Roucouler comme les pigeons, les tourterelles, etc., lorsqu'ils sont appareillés, et qu'ils grattent la terre.

ꙮꙮ. *koukouri.* Espece de petite marmite où les tartares mettent leur lait.

ꙮꙮ. *koukou ihan.* Bœuf couleur de cendre.

ꙮꙮ. *koukou seme intchembi.* Rire du bout des levres.

ꙮꙮ. *koukou kaka seme intchembi.* Rire avec éclat. Lorsque plusieurs personnes éclatent de rire toutes à la fois.

ᘔᖳᕁ, *kouken.* Bords des lits chinois, ou linteau de bois qui est le long du lit.

ᘔᕁᴼ, *kouri.* Chien tigré, qui a la peau comme celle du tigre, de plusieurs couleurs.

ᘔᕁᴼ ᕁᕁ, *kouri ihan.* Bœuf qui a la peau de plusieurs couleurs.

ᘔᕁᴼ ᕁᕁ, *kouri tamin.* Nom d'une espece d'oiseau de proie dont les plumes servent pour les fleches, sur-tout lorsque cet oiseau est vieux.

ᘔᕁᕁ, *kouringue.* De plusieurs couleurs.

ᘔᕁᴼ ᕁᕁ, *kouri alan.* Peau ou écorce de frêne de différentes couleurs.

ᘔᕁᕁ, *kourehou.* Nom d'une espece d'oiseau qui a le corps noir, et quelques marques rouges sur la tête : il se nourrit des vers qui sont dans les arbres.

ᘔᕁᕁ, *koure.* Nom d'une espece de poisson qui ressemble à celui qu'on appelle *koun yu* en chinois ; il a des écailles sur la tête : sa chair est très mauvaise.

ᘔᕁᕁ, *kourelembi.* Partager par bandes les cavaliers.

ᘔᕁᕁ, *kourene.* Nom d'une bête fauve qui ressemble à la zibeline ; il y en a de toutes les couleurs.

ᘔᕁᕁ, *kouren.* Brigade de cavalerie. Nom d'une espece de cheval dont la couleur est mêlée de noir et de rouge.

ᘔᕁᕁ, *kourou.* Pelouse. Petite élévation. On l'appelle aussi ᘔᕁᕁ, *hourou.*

ᘔᕁᕁ, *kouroume.* Habillement extérieur, manteau.

kourouken. Lieu un peu élevé. Petite élévation. On dit aussi ⵇⵓⵔⵓ. *kourou.*

kouotchihe. Pigeon. (*Ko tsee* en chinois.)

kouotchihe potcho. Couleur de pigeon. Couleur d'œufs de canards : c'est la couleur que prend quelquefois la lune, lorsqu'elle est plus bleue que la couleur de la cendre.

koufan. Petite chambre intérieure. Espece de décharge, etc.

koufouïn. Broyé entre les dents. Mâché. Facile à mâcher.

koufour seme. Bruit de quelque chose qui craque sous la dent.

kouyerhen. Nœud qu'on fait à la corde de l'arc, et qui sert à le tenir bandé.

kouolembi. Écorcher, ôter la peau et la graisse en même temps.

koutchoung seme. Cela se dit des ouvriers qui ne perdent pas un moment de temps, et qui sont tout à leur ouvrage. (ⵇⵓⵜⵛⵓⵏ. *koutchoung.*)

koui sere herguen.

kouili. Cuiller à manger la soupe, le riz, etc. (ⵙⴰⵢⴼⵉ. *saifi.*)

kouile. Ordonner de faire des moules, des formes, etc. ; de mettre en moule, etc. (Impératif du verbe suivant.)

kouilembi. Faire des moules, des formes

pour faire quelque chose. Mettre en moule. Mouler.

☀︎. *kouileboumbi.* Ordonner de faire des moules, des formes, etc. ; de mettre en moule, etc.

☀︎. *kouilekou.* Moule, Forme de souliers, de pantoufles, de bottes, etc. Moule de bonnet, etc.

☀︎. *kour sere herguen.*

☀︎. *kour.* Cri des tigres et autres animaux semblables qui s'appellent mutuellement.

☀︎. *kourbou.* Fer de la fleche qui est uni par dessus.

☀︎. *kourboumbi.* Aller et venir, se promener, se tourner de côté et d'autre. Se tourner en dormant de côté et d'autre avec inquiétude.

☀︎. *kourbouchembi.* Avoir de l'inquiétude dans le cœur. N'être pas tranquille. Se tourner de côté et d'autre. Être indéterminé sur quelque chose.

☀︎. *kourtchin.* Nom d'une espece de poisson long de deux à trois pouces ; il est blanc, et a quelques taches noires : il n'a point d'écailles.

☀︎. *kourtchilembi.* Faire revenir sur le feu le bois des fleches, après qu'on l'a râclé.

☀︎. *kourtchen.* Nom d'un poisson de mer appellé en chinois *pe kao yn.*

☀︎. *kourtchilehe sirtan.* Bois de fleche qu'on a râclé, et qu'on a fait revenir sur le feu pour le rendre droit et uni.

☀︎. *kourgou.* Qui est le premier à faire quelque

chose. Nom d'une espece d'osselet plus gros que les communs, dans le trou duquel on met du plomb.

⁂ *koun sere herguen.*

⁂ *kountou.* Respect, vénération, politesse.

⁂ *kountoule.* Ordonner de respecter, d'honorer.

⁂ *kountoulembi.* Respecter, traiter avec honneur quelqu'un. Faire politesse.

⁂ *kountouleboumbi.* Ordonner de respecter, d'honorer, de faire politesse. Être honoré, respecté par quelqu'un.

⁂ *kountoulere koptoloro.* Respect, vénération qu'on a pour quelqu'un.

⁂ *koung sere herguen.*

⁂ *koung.* Bruit de quelque chose de lourd qui tombe par terre.

⁂ *koungchoun.* Grillé, rôti, brûlé.

⁂ *koungchoun oua.* Odeur de brûlé.

⁂ *koungchouken.* Un peu grillé. Un peu brûlé.

⁂ *koung tchang seme.* Bruit du tambour ou des timbales.

⁂ *koung tchang seme pantchimbi.* Faire fête. Faire fracas.

⁂ *koungour seme yamoulambi.* Lorsque le commun ou beaucoup de personnes vont ensemble au palais, au tribunal, etc.

koungour seme sireneme aktchambi. Tonner sans discontinuer.

koungour kangar. Bruit d'une foule de charrettes vuides qui vont en même temps. Bruit du tonnerre. Avec fracas.

koungkouhoun. Qui a les yeux enfoncés. Qui a les yeux creux.

koungour seme. Bruit de plusieurs personnes qui courent, de plusieurs personnes qui vont avec empressement au palais, aux tribunaux, etc.; de plusieurs chevaux ou charrettes qui marchent ensemble. En foule. Avec empressement.

kouk sere herguen.

kouktouri. Éloge de flatterie. Flatterie, adulation.

kouktchi. Chansons, airs des Mantchoux. On dit aussi *haitchan.*

kous sere herguen.

kous seme intchehe. Il a éclaté malgré qu'il en eût. Éclater de rire malgré soi. On dit encore *pous seme intchehe.*

kouskourembi. Cela se dit des poules, des coqs, etc., qui étendent toutes leurs plumes, grattent la terre, et font un creux pour se coucher.

kouskoun seme. Avec constance et assiduité, sans relâche. Cela se dit des ouvriers, etc., qui travaillent sans relâche, sans prendre de repos, *kouskoun seme oueilembi,*

ೞ *koup sere herguen*.

ೞ *koup seme*. Tomber de lassitude, de sommeil.

ೞ *koupsourekepi*. Il s'est enflé. Il est enflé.

ೞ *koupsouhoun*. Homme gros et gras. Espece de reproche qu'on fait à quelqu'un; comme si on lui disoit : Pourquoi toujours dormir, etc. ? ೞ *koupsouhoun tedoufi ainambi*.

ೞ *koupsouhouri*. Homme gros et gras. Quelque chose qui est lourd.

ೞ *kouptchin*. Bord des bottes ou des bas.

ೞ *koum sere herguen*.

ೞ *koumtou*. Qui n'est ni droit ni sincere. Le vuide de quelque chose que ce soit; comme le vuide d'un roseau.

ೞ *koumtoulembi*. Être vuide. Être creux. Creuser.

ೞ *koumtouleboumbi*. Ordonner de faire un creux, de faire un vuide.

ೞ *koumtchouhoun*. Homme voûté, courbé, Qui ne sauroit se redresser. Qui a le corps courbé. Qui fait l'arc avec son corps.

ೞ *kou sere herguen*.

ೞ. *kou*. Pierre précieuse. Tante.

ೞ *kou fiahan*. Chose précieuse ; comme

des pierreries, des écailles, etc. On dit aussi 〰〰 *fiahan* simplement.

〰, *kou ouohe*. Pierre dans laquelle se trouve une pierre d'agate.

〰, *kou orho*. Nom d'une plante dont la tige est fort haute; les feuilles ressemblent à celle qu'on appelle *ngai* en chinois. Ses fleurs sont bleues : elle a beaucoup de force. On en frotte la pointe des fleches qu'on veut tirer contre les animaux.

〰, *kounirembi*. Élargir quelque chose qu'on auroit lié fort serré. S'affoiblir. Cela se dit de la colere qui s'affoiblit. Bander l'arc à plusieurs reprises pour lui donner plus de force. Élargir. Rendre plus large, plus libre; comme la sangle d'un cheval qu'on desserre, etc. (〰, *kounirekepi* au prétérit.)

〰, *kousoutchoumbi*. Être très triste, très ennuyé. Ne pouvoir se désennuyer.

〰, *kousoutchouke*. Ennuyeux. Triste. Dégoûtant.

〰, *kousé*. Bonzesse. (*Kou tsee* en chinois.)

〰, *kouboulehepi*. Cela se dit des herbes qui viennent pêle-mêle, et en grande quantité, dans un même lieu. On dit encore 〰, *kovoholohopi*.

〰, *kouletchehepi*. Il s'est dénoué de soi-même. Le nœud s'est défait.

〰, *koulou*. Droit. Sans aucun mélange d'autres

couleurs; comme banniere purement jaune. Simple. Homme simple et droit. Quelque chose qui est encore dans un état à recevoir la forme qu'on veut. Toile ou soie simple où il n'y a point de dessin. Qui a le cœur droit et simple. D'une même couleur. Sincere. La premiere matiere des choses, etc.

⟨⟩. *koulouken.* Un peu simple. Un peu sincere.

⟨⟩. *koulou soutche.* Satin simple, sans fleurs.

⟨⟩. *kouloung seme.* Sans discontinuer. Qui fait de longs discours. Cela revient à notre proverbe : De fil en aiguille.

⟨⟩. *koutchihi.* Homme qui a deux femmes de même ordre.

⟨⟩. *koutchihierembi.* Envelopper quelqu'un dans une mauvaise affaire. Être jaloux. Cela se dit de la jalousie des femmes en particulier.

⟨⟩. *koutchihierendoumbi.* S'envelopper mutuellement dans une mauvaise affaire. Avoir mutuellement de la jalousie. On dit aussi *koutchihierenoumbi,* ⟨⟩.

⟨⟩ *koutchou.* Ami. Camarade.

⟨⟩. *koutchou karhan.* Amis qui sont en grand nombre, comme les branches d'un arbre.

⟨⟩. *koutchousé.* Amis. Camarades.

⟨⟩. *koutchoulembi.* Se rendre mutuellement les devoirs qu'exige l'amitié.

koutchou kiatchan. Gens de la suite des régulos ; tels que les mandarins nommés par l'empereur. (*kiatchan.*)

koutchou touali. Collegues, compagnons.

koutchou arambi. Lier amitié avec quelqu'un. Se lier d'amitié.

kouli tchouchen halanga nialma. Esclaves mantchoux. On les appelle aussi *tchouchen.*

koutchihierekou. Homme qui enveloppe un autre dans de mauvaises affaires. Femme très jalouse, très envieuse.

koutchoung seme. Sans presque prendre de repos. Travailler sans relâche. Cela se dit en particulier des ouvriers qui travaillent de cœur et sans interruption. (*koutchoung seme,* et *koutchoung seme oueilembi.*)

koukouboumbi. Ordonner de mourir.

kouye. Plastron de la garde du sabre. Talon.

kouye sele. Morceau de fer cloué sur le carquois.

koukoutele. Jusqu'à la mort. Jusqu'à la fin de la vie.

koukoumbi. Mourir. Être exterminé comme les ennemis, etc.

koukourchembi. S'incliner avec respect devant ses supérieurs.

koureheleboumbi. Ordonner de lier avec une ficelle, etc.

koukourembi. S'incliner par respect. Se courber. Être voûté. Être courbé comme les vieillards qui ne sauroient marcher droits. Se courber lorsqu'on a grand froid. On dit au prétérit *koukourekepi.*

kourehe. Très paresseux. Très fainéant. Qu'on ne sauroit rompre, comme les nerfs d'un bœuf. C'est aussi le nom d'un nerf fort large que les bœufs ont au cou.

kourehelembi. Envelopper ou entourer l'arc d'une corde de boyau ou de nerf de bœuf. Lier avec un nerf quelque chose qui seroit rompu.

kourehetembi. Faire les choses avec paresse et dégoût.

kourehelehe peri. Arc environné de cordes de boyau ou de fils de soie.

koureltchi. Nom d'une espece de gros grillet qu'on appelle aussi *aien kourtchen.*

kourimbi. Changer quelque chose d'un lieu pour le mettre dans un autre. Changer de demeure.

houriboumbi. Ordonner de changer de demeure, de transporter une chose d'un lieu à un autre.

kourinembi. Transporter une chose d'un

lieu à un autre. Aller transporter quelque chose. Aller se transporter dans un autre lieu.

kourintchembi. S'arrêter tantôt dans un endroit tantôt dans un autre. Errer çà et là, sans avoir de demeure fixe.

kourintchimbi. Venir transporter une chose. Venir se transporter.

kourouboumbi. Ordonner de creuser autour des plantes, de fouir autour des herbes, etc.

kouroumbi. Sarcler des herbes. Creuser autour des fleurs pour en arracher la racine. Fouir la terre autour des herbes médicinales. Cela se dit aussi des parties du corps qui, étant enflées, commencent à s'enflammer et à rougir. Arracher des herbes qu'on a choisies.

kourounembi. Aller sarcler des herbes. Aller labourer. Aller fouir autour des herbes, des fleurs, etc.

kourounoumbi. Lorsque le commun creuse, fouit autour des plantes.

kouroukepi. Il a rougi d'impatience ou de colere. Ce furoncle, ce bouton a rougi.

kouroun. Royaume. Famille royale.

kouroun ni potohon. Conseil impérial ou de l'empereur.

kouroun be talire koung. Comte. Parent de l'empereur au cinquieme degré. C'est un titre d'honneur.

KOUA

ᯃᯬᯉ᯲ ᯉᯪ ᯀᯩᯍᯮ, *kouroun ni efou.* Gendre de l'empereur.

ᯃᯬᯉ᯲ ᯅᯩ ᯀᯤᯎᯩᯜᯘ ᯋᯰ, *kouroun de aigelara koung.* Comte. Parent de l'empereur au sixième degré.

ᯃᯬᯉ᯲ ᯅᯩ ᯒᯮᯀᯨᯀᯒ ᯖᯰ, *kouroun be touakiara tchanguin.* Officier général du neuvième ordre dans la maison de l'empereur.

ᯃᯬᯉ᯲ ᯅᯩ ᯖᯞᯪᯒ ᯖᯰ, *kouroum be talire tchanguin* Officier général du septième ordre dans la maison de l'empereur.

ᯃᯬᯉ᯲ ᯉᯪ ᯃᯰᯖᯮ, *kouroun ni koungtchou.* Fille de l'empereur. (*Koung tchou* en chinois.)

ᯃᯬᯉ᯲ ᯖᯩ ᯀᯤᯎᯩᯜᯘ ᯖᯰ, *kouroun te aigelara tchanguin.* Officier général du huitième ordre dans la maison de l'empereur.

ᯃᯨ, *kouté.* Filles.

ᯃᯨᯮ, *koufou.* Oncle ou mari des sœurs du pere. (*Kou fou* en chinois.)

ᯃᯨᯮᯩ, *koufoute.* Oncles ou maris des sœurs du pere.

ᯃᯞᯨ, *kouali.* Fauxbourgs, tels que ceux qui sont hors de la porte *Tcheng-men*, etc.

ᯃᯰᯘᯩ, *koantsee*, (*koan tsee* en chinois.) Nom d'un instrument de musique qui s'accorde avec le *cheng* et les flûtes. C'est une espece de haut-bois.

ᯃᯩ ᯖᯭᯚᯩᯅᯪ, *koua touambi.* Deviner par les *koua*.

kouatalambi. Partager également. Avoir la part qui nous est due de quelque chose. On dit aussi *atchihilambi.*

koualasé. Nom d'une plante qui ressemble à celle qu'on appelle *niatchipa*; elle ressemble encore au jujubier: son fruit a le goût du concombre; il est de couleur tirant sur le noir.

kouasé. Nom d'une espece de biscuit qu'on appelle aussi *oubachakou;* il est long. On le fait cuire dans l'huile.

koualasoun. Espece de gillet ou de *koa tsee* sans manches, à l'usage des femmes.

kouafou. Béquille ou potence à l'usage des boiteux, sur laquelle ils appuient leurs aisselles, etc. On l'appelle encore *kouaïgue.* Petites rames dont on se sert pour faire aller de petits bateaux.

koangkoun. Homme rusé et artificieux. (*Koang koun* en chinois.)

koanni. Indolent et paresseux. Qui n'est affecté de rien. Mener une vie indolente et paresseuse. *koanni pantchimbi.*

kouaïgue. Béquille à l'usage des boiteux. Petites rames dont on se sert pour faire aller les petits bateaux. On dit aussi *kouafou.*

koangsé sangsé etouboumbi. Ordonner de mettre les chaînes aux mains et aux pieds.

Kouangouchambi. Faire quelque

chose en vaurien, en mauvais garnement. Faire le vaurien. Ordonner de faire valoir l'autorité de quelque magistrat pour pouvoir gréver plus aisément. Cela se dit aussi des enfants qui disent des injures, qui sont mutins.

ᗪᡲᢗᡱ. *kouoke.* Attentif à bien faire.

ᗪᡲᠵᢗᡱ. *kouolke.* Très attentif à bien faire les choses.

ᗪᡲᠮᠪᡱ. *kouombi.* Pardonner à quelqu'un, oublier une injure reçue, n'avoir plus de ressentiment. Remettre. Nom d'une espèce d'oiseau. Crier comme les oiseaux, etc. Battre sur le tambour ou tels autres instruments.

ᗪᡲᠵᠧ. *kouolekou.* Servante de mandarin.

ᗪᡲᠪᠮᠪᡱ. *kouoboumbi.* Éviter. Remettre le tribut au peuple. Étouffer son ressentiment. Pardonner, etc.

ᗪᡲᠮᠪᠮᠪᡱ. *kouomboumbi.* Faire résonner quelque instrument, quelque chose que ce soit. Faire chanter ou siffler un oiseau. Jouer de la bombarde ou du *kin* de bouche.

ᗪᡲᡝᠮᠪᡱ. *kouendembi.* Chanter ou siffler. Cela se dit des oiseaux. Résonner. Cela se dit du tambour, de la timbale, et autres instruments de métal.

ᗪᡲᡩᠮᠪᡱ. *koudechembi.* Frapper à coups de poings quelqu'un. Masser ou frapper avec les deux poings sur le dos de quelqu'un.

ᗪᡲᡡᢗᡱ. *kouotchihe.* Intestins.

kouotchihe ta. Le commencement ou la premiere ouverture des intestins.

kouole kala. Spéculer. Lorgner, épier. On dit aussi *koungoun kangan.* De guet-à-pan.

kouoletchembi. Regarder par un trou. Voir s'il n'y a personne, pour pouvoir faire son coup, pour pouvoir voler impunément. Aller à la dérobée. Faire à la dérobée quelque chose de crainte d'être aperçu.

kouongue. Cri, chant ou sifflement des oiseaux. Bruit ou son de quelque instrument de cuivre ou de métal, etc.

kouangsi teboumbi. Voir manger les autres dans un repas. Être assis loin de ceux qui mangent pour les convier et les inviter à manger, pour les servir, etc.

kou joung. Nom d'une espece de drap. (*Kou joung* en chinois.)

koutsee. Monture d'éventail, ou la partie de l'éventail qu'on tient à la main. (*Kou tsee* en chinois.)

koangsé. Espece de grillage, ou pieux plantés dans quelque lieu pour boucher le passage. Espece d'entraves qu'on met aux criminels pour les empêcher de se sauver.

kouontchi. S'il siffle. S'il chante, etc. Cela se dit des oiseaux.

koui sere herguen.

koui. Tortue. (*Koui* en chinois.)

kouisé. Espece d'armoire ou de garde-robe. Espece de caisse à quatre côtés.

kouilembi. Avertir par avance plusieurs personnes, afin qu'elles se trouvent prêtes à quelque chose. Donner une assignation à un ami pour tel jour, par exemple.

kouilehe. Abricot.

koui fei. Femmes de l'empereur.

kouikou. Cela se dit d'un vieillard fort et robuste qui ne paroît pas être vieux.

kouifoun. Anneaux ou bagues à l'usage des femmes.

kour sere herguen.

kour seme. En hurlant comme les tigres, les loups, etc. Cela se dit aussi de ceux qui parlent mal; comme si l'on disoit en hurlant, etc.

kourtchen. Nom d'une espece d'insecte qui ressemble à la sauterelle. Grillet.

kourkou. Quadrupede.

kourgou tarimbi. Cela se dit pour exprimer que les animaux à la chasse se sauvent à travers les chasseurs. Côtoyer les chasseurs.

koun sere herguen.

koun. Nom d'une espece de manteau à l'usage de l'empereur. Ce manteau est parsemé de dragons à cinq ongles; on le nomme aussi ⵌⵈ ⵌⵓⵈ. *koun etoukou.*

ⵌⵈ ⵌⵈⵈ ⵌⵈⵈ. *koung sere herguen.*

ⵌⵈ. *koung*, (*koung* en chinois.) Appartement de l'empereur. Nom d'une dignité (comte). Mérite. Nom qu'on donne aux mines d'or, d'argent, de cuivre, etc.

ⵌⵈⵈⵈ. *koungnembi.* Respecter, rendre des honneurs.

ⵌⵈⵈⵈⵈ. *koungneboumbi.* Ordonner de rendre des honneurs.

ⵌⵈ ⵌⵈⵈⵈ. *koung ilhambi.* Distinguer le mérite. Faire attention au mérite, et donner des marques pour le reconnoître.

ⵌⵈⵈⵈ. *koungnetchouke.* Respect. Respectable.

ⵌⵈ ⵌⵈ ⵌⵈⵈ. *koung de ouojembi.* Recevoir de l'honneur.

ⵌⵈⵈ. *koungtcheou.* Nom d'une espece de soierie inférieure qu'on appelle aussi ⵌⵈⵈ. *koungtchoun.*

ⵌⵈⵈ. *koungtchoun.* Ce mot a le même sens que le précédent.

ⵌⵈⵈ. *koungou.* Le derriere élevé de la tête.

ⵌⵈⵈ ⵌⵈⵈ. *koungoume tchepi.* Être assis d'une maniere triste; comme lorsqu'on a quelque chose dans le cœur.

ⵌⵈⵈ. *koungoume.* Ce mot a le même sens que le précédent.

ⵀⴰ *koungue amban.* Grand de l'empire qui a bien mérité.

koungoulou. Plumes des oiseaux qui sont au-dessus de leur tête; comme celles du phénix.

koungoutcheme kenguetcheme. D'une maniere pesante et embarrassée.

koungoulembi. Lancer la fleche fort haut.

koungoun kangan. En faisant la grimace; comme lorsqu'on voit quelque chose de déplaisant. On dit aussi *kouole kala.* Avec une contenance enfantine, ou d'un homme de rien.

kouk sere herguen.

kouksen. Un morceau de nuage, ou une troupe de nuages, un peloton de nuages.

kouksen kouksen ahambi. Pleuvoir par intervalle, comme dans les pluies d'orage.

kouksen kouksen. Par peloton. Par intervalle.

kouktou kakta. Escarpé, où il y a du haut et du bas, des montagnes et des vallées, des lieux unis et des lieux creux.

kouktehoun. Lieu élevé. Élévation.

kous sere herguen.

kousherakou. Qui ne vaut rien. Pour rien. Qui est de mauvais usage.

◌. *koup sere herguen.*

◌. *koupsou.* Fleurs épanouies ou bouquets de fleurs. On dit alors ◌ ◌ ◌, *koupsou koupsou ilha.*

◌. *kouptchi.* Tout ce quartier. Toute cette famille. Toute cette maison. Le corps entier. Tout le monde. Tout, en général, en tout, en somme.

◌. *koul sere herguen.*

◌. *koulbou.* Nom d'une espece d'insecte qui se trouve dans les ruisseaux en automne.

◌. *koulhoun.* Entier. Quelque chose auquel il ne manque rien. Complet. Entièrement. Quelque chose qui est fini.

◌. *koulhoun souanda.* Gousse d'ail.

◌. *koulhoun tekjen.* Achevé, accompli, etc.

◌. *hou sere herguen.*

◌. *houni.* Seau à puiser de l'eau.

◌. *houterembi.* Froisser. Plisser. Cela se dit des habits, par exemple, qu'on a froissés, ou de quelque chose qui, ayant été collé, montre des plis après qu'il est sec. On dit aussi ◌. *houterekepi.*

◌. *houte.* La pouppe du vaisseau ou de la barque. La proue s'appelle ◌. *hounguao.*

◌. *houte tchafambi.* Ramer. Mener la rame du côté de la pouppe. On dit encore ◌.

ouentchehen touantchiakou tchafambi.

houtou. Esprit. Homme très mal fait, fait comme un diable.

houtou entouri. Diable, esprit malin.

houtoungue. Homme haïssable, pour lequel on ne doit avoir que de l'aversion. On dit aussi *houtoungue nialma.*

houle. Nom d'une mesure qui contient dix petits boisseaux. On dit encore *emou houle.*

houmoutou. Nom d'une espece d'oiseau beaucoup plus gros qu'une grue, et dont le cou est plus épais : les plumes de sa poitrine sont blanches, celles du dos de diverses couleurs, et sa queue très courte. (*toto.*)

houtchou. Herbe à nourrir les chevaux. Foin. Nom qu'on donne aux pieces de bois creuses dans lesquelles on met l'argent qu'on apporte à la capitale pour le tribut de l'empereur.

houtchoukou. Soufflet de forge. Soufflet ou tuyau dans lequel on souffle pour allumer le feu.

houtchoumbi. Baisser la tête jusqu'à terre. Toucher la terre avec le front. Se baisser jusqu'à terre. Être incliné jusqu'à terre. Souffler avec un soufflet. S'incliner profondément, où se courber jusqu'à terre.

houtchouboumbi. Ordonner de souffler le feu, de se courber jusqu'à terre, de baisser la tête jusqu'à toucher la terre du front.

𐊒𐊒𐊒. *houtchourekou.* Moulin à moudre le bled, les grains, le *teou-fou*, etc.

𐊒𐊒𐊒. *houtchourembi.* Moudre les grains, etc.

𐊒𐊒𐊒. *houtchoureboumbi.* Ordonner de moudre.

𐊒𐊒𐊒 𐊒𐊒𐊒. *houloun mourakou.* Appeau pour appeller les cerfs. Espece de sifflet qu'on appelle aussi 𐊒𐊒𐊒. *mourakou.*

𐊒𐊒. *houhou.* Espece de ferment dont on se sert pour mettre dans le vin.

𐊒𐊒 𐊒𐊒𐊒. *houhou nor.* Nom d'un pays de l'occident.

𐊒𐊒𐊒 𐊒𐊒𐊒. *houhou y soualia.* Nom d'une farine faite de deux especes de grains dont on n'a point ôté le son.

𐊒𐊒𐊒. *houhoutchou.* Nom d'une herbe médicinale.

𐊒𐊒𐊒 𐊒𐊒𐊒. *houhou y enie.* Nourrice. Mere nourriciere. On l'appelle aussi 𐊒𐊒𐊒 𐊒𐊒𐊒. *meme enie.*

𐊒𐊒𐊒. *houkoun.* Poussiere qui s'attache sur quelque chose. Fumier réduit en poussiere qu'on met dans les champs. Terreau.

𐊒𐊒𐊒. *houhoun.* Mammelle, ce que les petits des animaux sucent pour avoir leur nourriture.

𐊒𐊒𐊒 𐊒𐊒𐊒. *houhoun tchembi.* Tetter.

𐊒𐊒𐊒 𐊒𐊒𐊒. *houhoun simimbi.* Sucer la mammelle.

𐊒𐊒𐊒 𐊒𐊒𐊒. *houhoun ni toumiha.* Bout de la mammelle.

houhoun sitakapi. Le lait lui est venu. Cela se dit des femmes après leurs couches.

houhoun hahambi. Cela se dit des femmes qui ont des duretés aux mammelles qui leur causent des douleurs.

hahahapi. Les mammelles lui ont durci, elles sont enflées.

houhouri. Enfant à la mammelle, c'est-à-dire depuis sa naissance jusqu'à l'année complette, un peu plus, un peu moins. On l'appelle aussi *houhouri kiu.*

houren. Espece d'attrape ou de trébuchet à prendre les fouines, et autres animaux semblables. On prend un bois creux, percé par le milieu ; on le présente au trou de la tanniere de l'animal, et un bois transversal qui est suspendu dans ce trou, se détend et tombe sur lui.

houren ouasé. Nom d'une espece de tuile qui ressemble à un bambou qu'on auroit partagé en deux. On s'en sert dans le palais et pour les *miao.*

hourou. Écaille de la tortue, maison de la tortue. Dos des oiseaux. Le dessus de la main dans l'espece humaine. Lieu un peu plus élevé que les autres dans un endroit uni. On dit aussi *kourou.*

houroungue. Qui a une écaille, une coquille, une maison. Cétacée.

houie. Espece d'attrape à prendre les poissons en hiver lorsque les rivieres sont glacées. On fait un trou dans la glace, près du bord ; on y met l'appât, et lorsque le poisson y vient, on lui tire un coup de fleche. On dit encore ⟨...⟩, *houie tembi.*

⟨...⟩, *houoki.* Terre fertile. Terre grasse. Bois épais. Herbes qui sont en grande quantité et drues.

⟨...⟩, *houokien.* Exhortation à bien faire.

⟨...⟩, *houokiembi.* Exhorter de toutes ses forces. Exhorter.

⟨...⟩, *houokieboumbi.* Montrer le chemin à quelqu'un. Montrer le bon chemin. Donner du courage, des forces à quelqu'un pour qu'il fasse bien. Exhorter. Fournir des modeles, des exemples.

⟨...⟩, *houokiendoumbi.* S'exhorter mutuellement. S'encourager mutuellement. Employer tous ses efforts pour s'entre'aider. On dit de même ⟨...⟩, *houokienoumbi.*

⟨...⟩, *houoche.* Petit couteau.

⟨...⟩, *houojelembi.* Se servir du couteau. Enfoncer le couteau.

⟨...⟩, *houojechembi.* Percer à coups de couteau redoublés.

⟨...⟩, *houoten.* Nom d'une espece d'oiseau de proie qui prend les faisans, les lievres, etc.

⟨...⟩, *houochekou.* Nom d'une espece de fer à repasser le linge, les soies délicates, etc.

⟨...⟩, *houochembi.* Passer au fer du linge fin, etc.

⌒⊙⌒, *houocheboumbi.* Ordonner de repasser au fer du linge, etc.

⌒⊙⌒, *houochere hatchouhan.* Fer à repasser les habits.

⌒⊙⌒, *houotchen.* Garde-fou, ou planche que l'on met au bord du lit pour empêcher qu'on ne tombe en dormant. Planche que l'on met pour empêcher que les ustensiles de cuisine ne tombent. Nom d'une espece de baquet à contenir les poissons. On dit aussi ⌒⌒ ⌒⌒. *fasan iren.* Ondulations, ou vessies que font les poissons lorsqu'ils nagent avec rapidité.

⌒⊙⌒. *houentchi.* Tasse de bois à anses.

⌒⊙⌒. *houotchembi.* Barrer un endroit pour empêcher qu'on n'y passe. Semer des obstacles. Mettre obstacle. Bois qu'on met sur les charrettes pour empêcher que les marchandises ne tombent.

⌒⊙⌒. *houotcheboumbi.* Ordonner de barrer un endroit, d'en empêcher le passage. Faire mettre quelque chose pour empêcher un autre de tomber, par exemple, etc.

⌒⊙⌒. *houenkiembi.* Cela se dit des poussins qui, étant à terme, sortent de l'œuf. Éclorre.

⌒⊙⌒. *houethi.* Nom d'un animal qui vient dans la mer ; c'est une espece de tigre marin : il a le poil court et rare, tirant sur le noir et le verd.

⌒⌒ ⌒⌒ ⌒⌒. *hour sere herguen.*

⌒⌒. *hoursé.* Pot ou vase à contenir quelque chose.

hourtchembi. Chercher noise à quelqu'un, déterrer ses défauts pour les lui reprocher. Chercher des taches à quelqu'un.

hourguen. Un journal de terre, c'est-à-dire autant de terre qu'on peut en labourer en un jour. (*emou hourguen.*)

houn sere herguen.

hountou. Homme voûté, qui a le dos comme la maison d'une tortue.

hountchou. Traîneau, pour courir sur la glace.

houng sere herguen.

houngkere. Ordonner de jeter en moule, de remplir un trou, de faire de la monnoie. (Impératif du verbe suivant.)

houngkerembi. Jeter en moule de l'or, de l'argent, du cuivre, de la cire, etc. Fondre de la monnoie, des caches. Remplir un trou d'eau, etc. Faire des chandelles.

houngkereboumbi. Ordonner de jeter en moule du métal, de la cire, etc.; de fondre de la monnoie, de verser dans un trou de l'eau, etc.

houngkereme ahambi. Il pleut à seaux, à verse.

houngkereme fekchembi. Fouetter le cheval à grands coups, à coups redoublés, etc. Cela se dit des chevaux qui courent à bride abattue.

ⵀⵓ, *houngkimbi.* Frapper à grands coups de la viande seche pour la ramollir, etc.

ⵀⵓ ⵙⵔ ⵀⵔⴳⵏ, *houk sere herguen.*

ⵀⵓⵛ, *houkche.* Ordonner d'attacher sur sa tête quelque chose, de couper ou d'arracher les anciennes racines du bled, etc.

ⵀⵓⵛⴱⵎⴱ, *houkcheboumbi.* Ordonner d'arracher les anciennes racines des plantes, du bled, etc.; de porter le bouton ou telle autre chose sur sa tête.

ⵀⵓⵛⵎⴱ, *houkchembi.* Attacher quelque chose sur sa tête. Porter le bouton, etc. Arracher ou couper les racines du bled de l'année passée, etc. Se louer extrêmement de quelqu'un. Ajouter de la terre sur les racines des grains, etc.

ⵀⵓⵛⵎ ⴽⵏⵎⴱ, *houkcheme kounimbi.* Avoir un cœur reconnoissant. Reconnoître les bienfaits qu'on a reçus.

ⵀⵓⵛⵀⵒ, *houkchehepi.* Avoir posé quelque chose au-dessus de sa tête. Il est tout boursoufflé. Il a quantité d'enflures sur le corps. On dit encore ⵀⵓⵛⵓⵒ, *houkchoukepi.*

ⵀⵓⵛⵎⴱⵎⴱ, *houkchemboumbi.* Nourrir en cage les oiseaux de proie jusqu'à la saison de la chasse.

ⵀⵓⵛⵏⵎⴱ, *houkchenoumbi.* Arracher en commun les racines des anciens grains lorsqu'on veut semer les nouveaux. Mettre en commun quelque chose sur sa tête.

houkchen. Cage pour les oiseaux de proie domestiques : celle pour les oiseaux sauvages s'appelle *pihan ni houkchen.*

houkjetembi. Il fait un orage, c'est-à-dire il y a du vent, de la pluie, etc.

houktou. Nom d'une espece d'habillement qui est appellé aussi *houptou;* mais l'auteur du commentaire sur le *See chou* l'écrit *houktou.* C'est un *pao tsee* en chinois, ou une robe d'hiver, fourrée de coton, longue ou courte, peu importe.

hout sere herguen.

houthe. Cicatrice d'un ulcere.

houthenehepi. L'ulcere est guéri, il ne reste plus que la cicatrice.

houthou. Ordonner d'attacher, de lier. (Impératif du verbe suivant.)

houthoumbi. Lier les mains ou les pieds. Attacher une bête.

houthouboumbi. Ordonner de lier, d'attacher. Être lié, attaché, garrotté, etc.

houp sere herguen.

houptou. Nom d'une espece d'habillement, ou robe d'hiver, fourrée de coton : elle est de chanvre. Le premier dictionnaire l'appelle *houktou.*

houm sere herguen.

houmsoun. La peau du dessus et du dessous

de l'œil. Gésier des oiseaux. On dit aussi ⵀⵎⵙⵓⵀⵓⵏ. *houmsouhoun.*

ⵀⵎⵙⵓⵏ ⵎⵏⵀⴰ. *houmsoun kamniha.* Avoir les yeux fermés. Avoir la peau du haut et du bas de l'œil qui se touche.

ⵀⵎⵙⵓⵀⵓⵏ. *houmsouhoun.* Gésier des oiseaux. On dit aussi ⵀⵎⵙⵓⵏ. *houmsoun.*

ⵀⵎⵛ. *houmche.* Nom d'une espece d'oiseau qui ressemble à l'épervier ; il est un peu plus petit : il vit dans les forêts épaisses.

ⵀⵎⵙⵓⵏ ⵏ ⵜⵉⵍⵉ ⵢⴰⴱⵓⵎⴱⵉ. *houmsoun ni teile yaboumbi.* Savoir tout faire. Avoir un talent universel. Pouvoir tout faire. (ⵎⵓⵜⵔⵉ ⵜⵉⵍⵉ ⵢⴰⴱⵓⵎⴱⵉ, *mouterei teile yaboumbi.*)

KAN

kan sere herguen.

kan. Acier. (*Kang* en chinois.)

kao sere herguen.

kaoming. Nom d'honneur qu'on donne aux femmes des mandarins qui sont au-dessus du cinquieme ordre. (*Kao ming* en chinois.)

kouo sere herguen.

kouo. Nom d'une espece de mesure qui contient la dixieme partie du *cheng*, une poignée de grains; c'est apparemment la plus petite des mesures.

kouokin. Veuf. Celui dont la femme est morte.

koang sere herguen.

koangkoun. Nom qu'on donne à l'osselet lorsqu'il est droit.

FA

sere herguen.

fa. Fenêtre. Sortilege. Enchantement.

faka. Fourche de bois.

fakatcha. Homme de petite taille. On dit alors *peie fakatcha.*

fakatambi. Jouer aux bâtonnets. On dit aussi *fakachambi.*

faha. Ordonner de jeter une pierre ou telle autre chose. Prunelle de l'œil. Être à sec. Cela se dit des lieux ordinairement pleins d'eau et qui viennent à sec. Le noyau des fruits, les pepins.

fahapi. Avoir beaucoup de soif. Être très fatigué.

faha chendambi. L'épi commence à se durcir, à avoir les grains formés.

fahame tehepi. Être accablé de lassitude et de sommeil. Tomber de sommeil et de lassitude.

fa oulhouma. Nom d'une sorte d'oiseau de couleur tirant sur le noir, dont le corps est plat, la queue courte et semblable à celle du canard; il a des plumes sur ses pattes : il fait son nid sur les arbres.

fanihien. Table de cuisine. Table à hacher les herbes. Table de pierre sur laquelle on applatit quelque chose, comme de la pâte, etc.

fahambi. Jeter une pierre, etc., contre quelqu'un. Renverser son adversaire à la lutte.

fahaboumbi. Ordonner de jeter contre quelqu'un une pierre, une tuile, etc.

fahanambi. Les grains sont formés dans les épis. On dit au prétérit *fahanahapi.*

fahame intchembi. Rire à force, jusqu'à faire tomber son bonnet.

fahala. Couleur tirant sur le noir.

fahala souran. Riz, ou eau dans laquelle on a lavé le riz.

fahala noure. Vin trouble.

fakou. Espece de filet qu'on place dans le courant de la riviere. On met aussi des deux côtés d'un ruisseau ou d'une riviere des pierres pour faire couler l'eau où l'on veut, afin que le poisson, suivant le cours de l'eau, puisse être pris. Poutre.

fakouri Culotte.

fakouri fergue. La jointure des deux parties de la culotte. Le milieu de la culotte.

fahoun akou. Il n'a point de courage, il n'ose rien entreprendre.

fahoun. Le foie. Le moyeu d'une roue de charrette.

fahoun amba. Homme de cœur. Homme de grand courage.

fahoun y alhoua. Pellicule qui enveloppe le foie des bêtes. On dit de même *alhoua.*

faboumbi. Poursuivre l'ennemi l'épée dans les reins. Ordonner de mettre à sec quelque chose. Mettre un ruisseau à sec.

fasar seme. En grande quantité. Cela se dit lorsqu'il y a un grand nombre d'animaux ensemble. Quelque chose qu'on ne sauroit avaler.

fasar seme houatchaha. Quelque chose qui est presque pourri, qui tombe par lambeaux.

fasar seme kenehe. Cela s'en est allé en poussiere, en lambeaux, etc.

fasar seme laptou. En très grande quantité.

fasé. Nom des poids qu'on met dans un des bassins de la balance. Radeau (*fa tsée* en chinois), amas de plusieurs pieces de bois liées ensemble qu'on met dans l'eau.

fasan iren. Espece de chambre qu'on construit dans la riviere avec des roseaux, et où l'on fait aller le poisson, etc. On dit encore *houotchen.*

fasak seme. Bruit de quelque bête qui

se jeteroit précipitamment dans un lieu plein d'herbes. On dit aussi ᡖᠣᠰᠣᠺ ᠰᠡᠮᡝ. *fosok seme.*

ᡶᠠᠵᡝᠮᠪᡳ. *fajembi.* Se pendre, s'étrangler. Saisir quelque chose avec la main pour s'aider à monter, etc.

ᡶᠠᠵᡝᠮᡝ ᡦᡠᡨᠴᡥᡝᡥᡝ. *fajeme poutchehe.* Il est mort étranglé. Il s'est pendu.

ᡶᠠᠵᡝᠯᠠᠨ. *fajelan.* Fourche double au bout d'un même manche. Branche fourchue. Chemin fourchu. Affaire à double face.

ᡶᠠᠵᡝᠯᠠᠨ ᠰᠠᠯᡨᠴᠠ. *fajelan saltcha.* Chemin triple. Trois chemins.

ᡶᠠᠵᡝᠯᠠᠨ ᠨᡳᡵᡠ. *fajelan nirou.* Nom d'une espèce de fleche à trois pointes. Fleche fourchue. Cette espece de fleche est très mince par le bas. On met ce fer sur les fleches appellées en chinois *siao koui yuen tsien*, etc.

ᡶᠠᠵᡝᠯᠠᠩᠭᠠ. *fajelanga.* Fourchu. Qui a deux bouts.

ᡶᠠᠴᡥᠴᡥᠠᠨ. *fachchan.* Mérite qu'on s'est acquis à la guerre, par exemple. Avoir de la gloire. Gloire. Réputation. Honneur. Effort que l'on fait pour acquérir de la gloire, etc.

ᡶᠠᠴᡥᠴᡥᠠᠮᠪᡳ. *fachchambi.* Avoir un motif. Faire ses efforts. Faire avec ardeur ce que l'on fait. S'acquérir de la gloire, de l'honneur, etc. Faire tous ses efforts. Faire un emploi. Remplir un mandarinat sans en percevoir les revenus. Travailler.

ᡶᠠᡨᠠᠪᡠᠮᠪᡳ. *fataboumbi.* Ordonner de pincer, de couper avec les ongles quelque chose.

ⵂⵂ, *fachchaboumbi.* Ordonner de faire tous ses efforts, de s'employer tout entier à une chose, de travailler, etc.

ⵂⵂ, *fachchadoumbi.* Lorsque tout le monde fait tous ses efforts. S'employer tout à une chose. On dit encore ⵂⵂ, *fachchanoumbi.*

ⵂⵂ. *fata.* Ordonner de couper avec les ongles un épi, une fleur, etc.; de pincer. (Impératif du verbe suivant.)

ⵂⵂ. *fatambi.* Pincer. Cela se dit des femmes lorsqu'elles se battent. Pour les hommes, on dit *chotorombi,* ⵂⵂ,. Couper avec les ongles un épi, une fleur, etc.

ⵂⵂ. *fatarambi.* Épargner. User avec épargne de quelque chose. On dit alors ⵂⵂ ⵂⵂ, *fatarame paitalambi.* Pincer avec les ongles.

ⵂⵂ, *fatanambi.* Aller pincer.

ⵂⵂ, *fatarchambi.* User d'épargne en employant quelque chose. Ne faire que pincer avec les ongles.

ⵂⵂ, *fatarchaboumbi.* Ordonner de n'employer que peu à la fois, de pincer.

ⵂⵂ. *fatantchimbi.* Venir pincer.

ⵂⵂ. *fatanoumbi.* Lorsqu'on pince en commun, que chacun pince.

ⵂⵂ, *fatar seme.* Avec empressement. Avec une ferveur très grande. On dit aussi ⵂⵂ ⵂⵂ, *koutour fatar seme,* et ⵂⵂ ⵂⵂ, *katar fatar seme.* Ce terme s'emploie principalement pour exprimer l'empressement de recevoir quelqu'un, d'aller au devant de lui, etc.

fatar seme achchambi. Se mouvoir avec précipitation. Sauter comme les poissons qu'on vient de tirer hors de l'eau.

fatarame paitalambi. Se servir d'une chose avec épargne, n'en employer que peu à la fois.

fatan. Semelles de pantouffles ou de bottes. Plante du pied. C'est aussi une injure qu'on dit pour exprimer un homme très vil. Nom d'un instrument qui sert pour travailler la soie ; il ressemble à un peigne.

fatak. Bruit de quelque chose qui tombe lourdement.

fatambi. Se servir d'artifices pour attirer quelqu'un dans ses filets, pour en abuser, ou pour lui nuire. Faire des sortileges pour nuire à quelqu'un.

falan. L'intérieur de sa maison, son domestique. Hameaux ramassés qui font une espece de village.

fatou. Bourse dans laquelle on met, où on peut mettre quelque chose. Espece de gargousse que les soldats mettent à côté de la cuirasse.

fatoulaboumbi. Ordonner de mettre quelque chose dans la bourse, de mettre dans une enveloppe.

fatou tchan. Nom d'une espece de fleche

qui est faite comme une bourse ; au bas de la pointe il y a quatre angles, sur chacun desquels il y a un trou rond ; c'est dans chacun de ces trous que l'on met un fer : il y en a aussi auxquels on n'en met point.

fatoulambi. Mettre quelque chose dans la bourse, dans un sac, etc. Mettre dans un panier sa provision pour un voyage de quelques jours, par exemple

falan sombi. En automne, après la moisson, faire des pains de la nouvelle farine, et aller les offrir aux esprits dans le lieu même où l'on a fait la moisson.

falaboumbi. Exiler. Envoyer en exil.

falangou. La paume de la main.

falangou tchorimbi. Frapper des mains en chantant. On dit de même *falangou faifan.*

falimbi. Être uni par les liens de l'amitié. Être étroitement lié d'amitié. Être très uni. Lier le bout de l'arc. Lier les cordons d'une bourse. Entourer les cordons d'une bourse de fils de soie, etc. Nouer une ficelle avec une autre. Nouer. Faire un nœud.

fali. Numérique des choses. Ordonner de lier le bout de l'arc, d'entourer une ficelle autour de l'arc. (Impératif du verbe précédent.) Une tige de fleur, d'arbrisseau, etc.

faliboumbi. Ordonner d'être uni à quelqu'un, de lier quelque chose, de joindre une chose à une autre, d'entourer une ficelle autour de quelque chose, de lier amitié avec quelqu'un.

falindoumbi. S'unir mutuellement d'une étroite amitié.

falintame, (*mbi.*) A pas comptés. Aller à pas comptés.

fatchaboumbi. Ordonner de se séparer.

famaha. S'égarer dans un chemin. Prendre un chemin pour un autre.

falou. Nom d'une espece de poisson qui ressemble à celui qu'on appelle *see fang yu* en chinois; il est noir, plat et large, long de deux pieds. Sa chair mangée par les convalescents leur fait revenir la maladie.

fatchambi. Se séparer. Aller l'un d'un côté, l'autre de l'autre; comme lorsqu'on sort du tribunal et que chacun se retire chez soi. Se disperser. Embrouillé comme des fils de chanvre dont les uns sont d'un côté, et les autres de l'autre, etc.

fa tchikin. Appui de la fenêtre.

fatchihiachambi. S'empresser. S'emporter. Montrer de l'impatience. Se mettre en colere, etc. Être en suspens sur ce que l'on doit faire. Ne savoir à quoi s'en tenir.

fatchihiachaboumbi. Ordonner de faire avec empressement. Faire mettre en colere.

FAIA

fatchihiachadoumbi. Lorsque le commun s'empresse, s'emporte, se met en colere. On dit aussi *fatchihiachanoumbi.*

fatchouhourambi. Être en désordre, en désarroi. Lorsqu'on est malade et qu'on est en désordre ou dans le délire.

fatchouhoun y pa. Le lieu où sont joints le cœur, le foie et les poumons.

fatchan. Fiente de cheval, d'oiseau, etc. La fiente de l'épervier ou oiseau de proie s'appelle *chochon.*

fatchan fouhecheboumbi. Faire des boules avec de la fiente, comme les fouille-merdes.

fatchambi. Chier. Aller du ventre. Cela se dit des bêtes.

fatchiran. Les quatre côtés de la tente qu'ils appellent les murailles de la tente. Les côtés d'une tente. Le tour de la tente. Les murailles d'une chambre.

fatchou. Le lieu d'une branche qui commence la division. La deuxieme. Le milieu ou la partie qui sépare les doigts. Le milieu, ou ce qui joint quelque chose.

fatchoukou. Le trou du derriere.

faïambi. Dépenser. Faire de la dépense. Acheter quelque chose. On dit encore *ountchambi.*

faïaboun. Compte de ce qu'on a dépensé. Livre de compte.

faïaboumbi. Ordonner de dépenser, d'acheter. On dit aussi *ountchaboumbi.*

faïarakou. Il ne dépense rien. Il n'achete pas.

faïanga oron. Le souffle vital de l'homme. Ce qui donne la vie à l'homme.

faïanga. Mânes ou les parties subtiles de l'homme après sa mort. Les parties plus spirituelles s'appellent *yang ni soukdoun.* (Ame.)

faïanga houlambi. Appeler l'esprit de quelqu'un qui s'est évanoui, par exemple, ou qui est mort, etc. On dit également *faïanga kaimbi.*

faïanga toutchimbi. Rendre l'esprit.

fatchouhoun. Troubles, désordres dans les affaires, dans les actions, dans l'état, etc.

fahi. L'aine, le commencement de la cuisse.

farambi. Étendre les épis coupés avant que de les mettre en gerbes.

farakapi. Il a perdu la connoissance. Cela se dit des malades, etc.

fara. Espece de traîneaux qu'on fait tirer par des bœufs ou des mules, etc., dans les endroits où il y a beaucoup de neiges. Les deux bouts de l'arc où il y a de la corne. Les brancards de la chaise ou charrette. Les brancards d'une charrette traînée par des bœufs s'appellent ⵏⵏ. *sa.*

ⵏⵏⵏ. *faratambi.* Être embourbé. Ce mot se dit des charrettes dont les roues enfoncées dans la boue ou dans la terre ne sauroient agir.

ⵏⵏⵏ ⵏⵏ. *farang seme.* S'arrêter sans bouger, sans branler. Il s'est arrêté sans branler, ⵏⵏⵏ ⵏⵏ ⵏⵏⵏ. *farang seme tehepi.*

ⵏⵏⵏ. *fafaha.* Nom d'une espece de fruit qui vient sur un arbre : il est plat, et de couleur rouge : son goût est aigre. C'est une espece de cerise.

ⵏⵏⵏ. *fafoun.* Loi portée par le souverain.

ⵏⵏⵏ ⵏⵏ. *fafoun koli.* Loi établie pour ou contre quelque chose.

ⵏⵏⵏ ⵏⵏⵏ. *fafoun selguin.* Édit affiché. Ordre qu'on affiche pour défendre quelque chose. On dit simplement ⵏⵏⵏ. *selguin.*

ⵏⵏⵏ ⵏ ⵏⵏⵏ. *fafoun y kamambi.* Agir suivant les loix, dans un jugement, par exemple.

ⵏⵏⵏ ⵏⵏ. *fafoun chatchin.* Édit porté. Loi verbale.

ⵏⵏⵏ. *fafoula.* Ordonner de porter un édit. (Impératif du verbe suivant.)

ⵏⵏⵏ. *fafoulambi.* Porter un édit, un arrêt. Donner ses ordres aux troupes pour aller et agir suivant les occurrences.

fafoulaboumbi. Ordonner de défendre, de faire exécuter des ordres.

fafoungá. De la défense. Qui appartient à la défense, à l'édit publié contre quelque chose.

fafouri. Qui est le premier à faire quelque chose. Homme prompt, vif, expéditif, etc. Téméraire.

fafourchambi. Faire les choses avec ardeur et promptitude. Brusquer les choses.

falaboume maiamboume. Pour se désennuyer. Chasser l'ennui.

fai sere herguen.

faihatchambi. Avoir de l'inquiétude, de la tristesse, de l'ennui, etc.

faisha. Palissade, ou piquets qu'on plante tout autour d'un jardin pour servir de murailles. On dit aussi *faishan.*

faishalambi. Mettre des piquets autour d'un jardin. Mettre une palissade.

faishalaboumbi. Ordonner de planter des piquets, de mettre une palissade autour d'un jardin.

faita. Ordonner de hacher de la viande, de couper en morceaux, de couper, de dépecer, etc. (Impératif du verbe suivant.)

faitambi. Ordonner de couper, de hacher quelque chose. Priver un mandarin de son revenu. Se couper le cou.

ᜆᜊᜇᜃᜊᜒ. *faitarambi.* Couper par tranches de la viande avec un petit couteau.

ᜆᜊᜇᜊᜓᜊᜒ. *faitaboumbi.* Ordonner de couper, de hacher, de mettre en morceaux.

ᜆᜊᜇᜃᜊᜓᜊᜒ. *faitaraboumbi.* Ordonner de couper par tranches.

ᜆᜊᜇᜊᜓᜇᜓ. *faitabourou.* Injure qu'on dit à quelqu'un pour dire qu'il mérite d'être coupé en morceaux.

ᜆᜊᜇᜈᜓᜊᜒ. *faitanoumbi.* Lorsque le commun hache, coupe en morceaux.

ᜆᜒᜆ᜔ᜐᜓᜋ. *faitchouma.* Chose extraordinaire. Prodige.

ᜆᜒᜆ. *faita.* Ordonner de prendre chacun son poste ou son rang dans une assemblée, de se ranger à son poste. (Impératif du verbe suivant.)

ᜆᜒᜆᜋ᜔ᜊᜒ. *faitambi.* Être chacun à son rang, à son poste. Présenter en commun (chacun placé à son rang) un placet à l'empereur. Être rangé par ordre, suivant son degré.

ᜆᜒᜆᜊᜓᜊᜒ. *faitaboumbi.* Ordonner de se placer selon son rang, d'être à son poste.

ᜆᜒᜆᜈᜓᜊᜒ. *faitanoumbi.* Se placer chacun à son rang, à son poste, etc. On dit encore ᜆᜒᜆᜇᜓᜊᜒ, *faitadoumbi.*

faitan feherehepi. Avoir un air sombre et colere. Froncer les sourcils.

faitan. Sourcil.

faitan. Rang. Ordre d'une marche. Ce qui est rangé à sa place, comme les instruments de musique. Ordre. Arrangement.

faitan y yamoun. Nom d'un tribunal qui est chargé de l'arrangement de ceux qui suivent l'empereur à la chasse, par exemple, etc.

faitan ni ta. Le chef de ceux qui sont chez les régulos.

faitarame ouare oueile. Crime pour lequel on mérite d'être coupé en pieces.

faitarame ouambi. Couper en pieces. Couper en morceaux. C'est le supplice qu'on fait souffrir à certains criminels.

faifan. Air qu'on chante en battant des mains. On dit alors *falangou forimbi,* ou bien *falangou faifan.*

faitakou. Scie à scier les os, l'ivoire.

faifouhalambi. Donner la couleur bleue à quelque chose. Cela se fait en prenant de l'indigo qu'on froisse entre ses doigts; on prend ensuite des cartilages d'animaux, la tige du bled sarrasin qu'on fait brûler, on en met les cendres dans de l'eau, on remue bien le tout; après quoi on laisse précipiter le plus grossier; on prend l'eau dans laquelle on met l'indigo. On appelle cette couleur ⟨⟩. *kin*. Il faut remarquer que si, dans le temps qu'on teint, il se trouve quelque homme ou quelque femme de mauvaise vie, cette couleur ne prend point.

⟨⟩, *far sere herguen.*

⟨⟩. *far seme.* Tumultueusement. Bruit sourd et tumultueux. Cela se dit aussi d'une multitude d'hommes, de chevaux, etc.

⟨⟩. *far seme laptou.* En très grande quantité. Par grandes bandes. Cela se dit des animaux.

⟨⟩. *farhambi.* Poursuivre les troupes. Suivre, etc.

⟨⟩, *farhaboumbi.* Ordonner de poursuivre. Être poursuivi.

⟨⟩. *farhanambi.* Aller poursuivre.

⟨⟩, *farhara tchouoha.* Troupes qui poursuivent les fuyards.

⟨⟩. *farhoun.* Homme obscur, peu éclairé. Ciel sombre, noir, obscur. Entre chien et loup.

⟨⟩, *farhoun oho.* Le ciel s'est obscurci.

⟨⟩, *farhoun soualiame.* Le temps où le jour commence à paroître. La pointe du jour.

⟨⟩, *farhoukan.* Un peu sombre. Un peu obscur.

⟨⟩. *farhoutambi.* Aller à tâton dans une affaire, dans un chemin qu'on ne connoît pas. On dit aussi ⟨⟩, *houlhitame yaboumbi.*

ᜊᜍᜐ. *farsa.* Nom d'une plante. C'est aussi le nom d'une espece de poisson qui est petit et large : il est très laid, et ressemble à celui qu'on appelle *see fang yu* en chinois.

ᜊᜍᜐ ᜃᜒᜍᜅᜓᜒ. *farsa kirangui.* Les os qui sont à côté du creux de l'estomac.

ᜊᜍᜦ. *farche.* Un morceau. Une partie.

ᜊᜍᜐᜎᜋ᜔ᜊᜒ. *farjelambi.* Faire par parties, par lambeaux.

ᜊᜍᜐᜎᜊᜓᜋ᜔ᜊᜒ. *farjelaboumbi.* Ordonner de faire par parties, par morceaux.

ᜊᜍᜦᜋ᜔ᜊᜒ. *farchambi.* Exposer sa vie, ne pas craindre de la perdre. S'exposer témérairement. Aller au plus fort du danger sans craindre, comme celui qui s'expose à la neige.

ᜊᜍᜦᜆᜁ. *farchatai.* En exposant sa vie à un danger évident. En s'exposant témérairement à une mort certaine.

ᜊᜍᜄᜒ. *fargui.* Piquets que l'on plante contre la muraille, sur lesquels on met des roseaux, pour que les poules s'y perchent pour dormir.

ᜊᜍᜆᜑᜓᜈ᜔. *fartahoun.* Le bout du nez gros. Quelque chose dont le haut est gros, comme la demoiselle dont on se sert pour battre la terre.

ᜊᜍᜐᜈᜑᜅᜒ. *farjenahangue,* Un morceau entier. Une partie entiere.

ᜊᜍᜊᜋ᜔ᜊᜒ. *farfambi.* Mettre sens-dessus-dessous, Mettre en désordre. Jeter l'osselet, etc.

FAN 145

farche farche. Par morceaux, par parties, par lambeaux.

farfaboumbi. Mettre tout en désordre. Être renversé sens-dessus-dessous. Ordonner de jeter l'osselet, etc. Ordonner de troubler, de mettre en desordre. Être en confusion, etc. Tout est en confusion. On dit au prétérit *farfabouhapi.*

fan sere herguen.

fan. Assiette de bois, Plat de bois. Il y en a de ronds, de quarrés, etc.

fan tasafi toukiehe. Mettre tout sur une assiette et le présenter à l'hôte. Présenter sur un bassin des choses à manger, etc., par respect, etc.

fantai. Nom du manche de l'instrument dont on se sert pour couper les briques.

fatchakou nimekou. Maladie par laquelle on tombe en syncope, mal caduc, haut-mal.

fantchambi. Avoir de la tristesse. Se mettre en colere. Être hors de soi. Vouloir parler et ne pouvoir le faire.

fantchaboumbi. Être l'objet de la colere de quelqu'un. Prendre quelqu'un au collet et le faire étouffer de colere.

fantchahapi. Il est en grande colere. Il est très triste, etc.

fantchouka. Très colere. Digne de colere. Qui mérite qu'on se mette en colere, etc.

3.

fantchame intchembi. Rire avec éclat, sans se posséder.

fantchame halhoun. Chaleur excessive, insupportable.

fan fere. Source d'eau qui est très profonde entre deux gorges de montagnes, et qui rend humides et impraticables tous les lieux des environs.

fang sere herguen.

fang seme. Assis sans branler, d'une maniere immobile. On dit aussi simplement *farang*.

fangnambi. En imposer en disant ce qui n'est pas. Se décharger sur un autre d'une faute. On dit aussi *fangname laitambi*.

fangnai. Homme qu'on ne sauroit tromper, qui en sait plus long que ceux qui voudroient le duper. On dit alors *fangnai otchorakou*, il n'est pas dupe.

fangname laitambi. Nier ce qu'on a dit. Désavouer ses paroles. Assurer qu'on n'a pas dit ce que réellement on a dit. Nier qu'on ait eu quelque chose, quoiqu'on l'ait eu réellement, etc. (*fangnambi*.)

fangka. Jeter à terre quelque chose. Bas.

fankambi. Jeter à bas quelque chose. Jeter. Lorsqu'on lutte, chercher à jeter son adversaire par terre. On dit aussi *yangambi*.

fangkaboumbi. Ordonner de jeter.

Troquer, échanger une chose contre une autre. Donner quelque chose en place de l'argent qu'on doit.

ᖕᑎᖃᓯᒪᔪᖅ. *fangala.* Bas, petit, nain, petit homme.

ᖕᑎᖃᓯᒪᔪᖅ ᖃᖅᑐᖅ. *fangame tchepi.* Être assis avec dignité, d'une maniere grave.

ᖕᑎᖃᓯᔪᖅ ᓚᓯᒪᔪᖅ. *fanga nialma.* Religieux. Bonze. Homme qui sait les secrets de la nature. Enchanteur. Sorcier.

ᖕᑎᑦᖃᓯᔪᖅ. *fangjekou.* Nom d'un instrument à faire le vermicelle.

ᖕᑎᑦᖃᔪᖅ. *fangsé.* Tour à dévider de la soie. (*Fang tsée* en chinois.)

ᖕᑎᑦᖃᔪᖅ. *fangcha.* Ordonner de brûler de la paille à l'ouverture de la taniere du tigre, etc., pour l'en faire sortir : impératif de ᖕᑎᑦᖃᓯᒪᔪᖅ. *fangchambi.*

ᖕᑎᑦᖃᓯᔪᖅ. *fangchakou.* Brandon ou feu qu'on allume à l'ouverture de la taniere du tigre, etc., pour l'obliger à sortir.

ᖕᑎᑦᖃᓯᒪᔪᖅ. *fangchambi.* Reprendre mal à propos. Dire à quelqu'un qu'il n'a pas bien fait une chose, lorsque réellement il l'a bien faite. On dit également ᖕᑎᑦᖃᓯᒪᔪᖅ. *fangnambi.* Vouloir que quelqu'un soit en faute, quoiqu'on sache fort bien qu'il n'y est pas. Allumer un bâton d'odeur. Parfumer les habits, etc. Mettre le feu près des tanieres des bêtes féroces pour les faire sortir. Brûler quelque chose pour faire de la suie.

ᖕᑎᖅ ᓚᒪᔪᖅ ᖃᔪᖅ, *fak sere herguen.*

ᖕᑎᖅ. *faksa.* Fureur. Grosse colere. Nous sommes entrés dans le camp ennemi l'épée à la main. On dit alors 〰〰, *lifa tojeka*, ou 〰〰, *faksa tojeka*. C'est un superlatif qui équivaut à *très*.

〰, *faksalambi*. Diviser, séparer les troupes en différents corps. Partager. Diviser. Séparer. Disperser.

〰, *faksalaboumbi*. Ordonner de séparer, de diviser, de disperser, etc.

〰, *faksa payaka*. Très riche. Opulent.

〰, *faksa tchili pantchiha*. Il s'est mis dans une très grosse colere.

〰, *fak seme*. Court et fort. Bas et solide. Par défaillance. Par défaut. Avec fatigue.

〰, *fak seme tehe*. Il s'est assis de fatigue.

〰, *fak seme teheke*. Il est tombé de fatigue.

〰, *fak seme faraka*. Il n'en peut plus de fatigue.

〰, *fakjekan y kamambi*. Aller prendre l'ennemi, etc., avec artifice, avec habileté, en profitant des avis reçus.

〰, *fakjekan*. Un peu habilement. Avec un peu d'habileté.

〰, *fak seme pantchihapi*. Cela se dit des hommes, etc., ou des plantes qui ont crû d'une maniere à être petits et robustes, bas et forts.

ᚷᚷ. *fakchesa.* Ouvriers. (Pluriel de ᚷᚷ. *fakche.*)

ᚷᚷ. *fakjetambi.* Se servir d'artifices, de stratagêmes. Agir avec habileté. Employer des paroles artificieuses. Être habile à parler. Employer son éloquence.

ᚷᚷ. *fakche.* Habile. Artificieux. Rusé. Quand c'est d'une mauvaise ruse, on dit encore ᚷᚷ ᚷᚷ. *kouimali fakche.* Fort habile et adroit à la lutte. Ouvrier. Éloquent.

ᚷᚷ ᚷᚷ. *faktchin nikekou.* Appui. Soutien. Aide.

ᚷᚷ. *faktchambi.* Se fendre. Se diviser. Se séparer. Se disperser.

ᚷᚷ. *faktchaboumbi.* Ordonner de se diviser, de se séparer, de se disperser, de fendre, etc.

ᚷᚷ ᚷᚷ. *faktchame telheme.* Se séparer les uns d'avec les autres.

ᚷᚷ. *faktchashoun.* Séparation. Division morale et physique.

ᚷᚷ. *faktchin.* Appui. Lieu où l'on peut s'appuyer, se soutenir. Éperons des coqs, des faisans, etc.

ᚷᚷ ᚷᚷ. *faktchin pi.* Il y a un appui. Il y a un point d'appui.

ᚷᚷ ᚷᚷ. *faktchin paharakou.* Il n'y a point de point d'appui. On dit également ᚷᚷ ᚷᚷ. *machan paharakou.*

⟨..⟩ ⟨..⟩. *faktchin akou.* Lorsqu'on est fatigué et que la main ne sauroit s'appuyer. Sans appui. Sans soutien.

⟨..⟩. *faktchilambi.* S'appuyer, se soutenir sur quelque chose. On dit aussi ⟨..⟩ ⟨..⟩, *faktchilame nikembi.* A la lutte ne se céder pas un pouce de terrain. Se soutenir également l'un contre l'autre.

⟨..⟩ ⟨..⟩. *fak fik.* Bruit que font les fruits qui, agités par le vent, s'entre-choquent, et sont sur le point de tomber.

⟨..⟩. *faksa faksa kouren kouren tchourguin akou partangui akou.* Quoiqu'avec les qualités les plus brillantes, et les plus éminentes vertus, il ne se vante point, il ne s'éleve pas au-dessus des autres.

⟨..⟩. *fat sere herguen.*

⟨..⟩. *fatha.* Pied de quelque animal que ce soit. Pied de cochon, pied de mouton qu'on mange après avoir ôté le poil et l'avoir fait cuire. Pieds des oiseaux. Mains des ours qu'on mange après les avoir fait cuire sous la cendre; ou simplement après les avoir fait bouillir. C'est un mets, à ce qu'on dit, des plus exquis.

⟨..⟩. *fatha peri.* Arc sur lequel on a collé des pieces de cornes de pied de bœuf l'une contre l'autre.

⟨..⟩. *fathachambi.* Avoir de la tristesse dans le cœur. Être triste, inquiet, ne savoir à quoi s'en tenir dans une affaire. Être agité de différentes sortes de pensées tristes, etc.

⸺ . *fal sere herguen.*

⸺ . *falha.* Race, famille. On dit aussi ⸺ *moukoun,* et ⸺ . *moukoun falha.* Gens d'une même rue, d'un même hameau, d'un même village. On dit encore ⸺ . *emou falha.* Assemblée, ou lieu où les personnes de même rang s'assemblent. On dit également ⸺ . *niroui falha.* Compagnie, assemblée.

⸺ . *falha falha.* Une nappe de verdure. Un bosquet, c'est-à-dire un quartier couvert d'herbes ou d'arbres.

⸺ . *falha falha tambi.* Bouffée de vent. Lorsque le vent souffle par intervalles.

⸺ . *fam sere herguen.*

⸺ . *famha.* Nom du peloton de ficelle qu'on dévide en faisant chasser l'épervier, et qu'on remplit lorsqu'on veut retirer cet oiseau. Peloton de soie gros à-peu-près comme un melon d'eau.

⸺ . *fambi.* Avoir très grande soif. Être altéré. Être accablé de sommeil. Être à sec. Cela se dit des ruisseaux qui demeurent à sec pendant l'été.

⸺ . *famboumbi.* Se tromper de chemin. Avoir pris un chemin pour l'autre. On dit de même *famaha,* ⸺ ,.

⸺ . *fe sere herguen.*

⸺ . *fe.* Ancien, vieux.

𝄞. *fenehe.* Amadou : il se fait avec une espece d'agaric qui vient sur les arbres, ou bien avec de la toile, ou bien avec de la bourre des plantes, ou avec des feuilles qu'on mêle avec du salpêtre; on délaie le tout dans de l'eau, etc.

𝄞 𝄞. *fenehe tchetchike.* Nom d'une espece d'oiseau qui ressemble à celui qu'on appelle 𝄞. *tchiapakou;* son plumage est roussâtre : il est très petit.

𝄞. *fenin.* Bergerie. Haras.

𝄞 𝄞. *fenin fenin.* Par bergeries. Par haras. Chaque bergerie, etc.

𝄞. *feniembi.* Ramasser dans un même lieu la terre des mines pour en tirer le métal. Faire fondre la mine.

𝄞 𝄞. *feniefi paitalambi.* Employer l'argent ou le métal qui sort de la mine ou de la fonte. Faire fondre la mine.

𝄞. *fenielembi.* S'assembler pour faire un hameau, un village. Faire une bergerie, un haras, etc. Assembler des animaux, des oiseaux en quantité dans un même lieu.

𝄞 𝄞. *feser seme.* En sursaut. Trembler de peur. En confusion. En désordre. En crainte, etc.

𝄞 𝄞 𝄞. *feser seme houaïchaha.* Cela s'est mis en pieces, en morceaux.

𝄞 𝄞 𝄞. *feser seme meitchehe.* Tous les instruments sont en confusion, en désordre.

FÊTE

fepi. Planche qui est sous le couteau avec lequel on hache la paille, par exemple.

fepiki. Nom d'une espece d'insecte qui vient dans les lieux humides : il a la tête rouge et le corps blanc. C'est une espece de ver.

feboumbi. Aller contre le vent. Être repoussé par le vent.

fe koli. Ancien usage.

fegen. Manche du fouet, du couteau. Manche de la hallebarde, etc.

fegen y toltohon. Garde de l'épée; c'est-à-dire, ce qui garantit la main de celui qui s'en sert.

fechchembi. Donner du pied contre quelqu'un. On dit encore *feshechembi.* Donner des coups de pieds.

fete. Ordonner de fouir. (Impératif du verbe suivant.)

fetembi. Corriger, reprendre quelqu'un de ses défauts. Expliquer à fond un article d'un livre, etc. Creuser le bout du manche de la fleche. Échancrer. Fouir, creuser la terre. Reprocher à quelqu'un ses fautes.

feteboumbi. Ordonner de creuser, de cerner, de s'instruire à fond. Être repris par quelqu'un. Ordonner de reprendre, de corriger, d'échancrer.

feterekou. Qui sait reprendre. Qui sait corriger. Qui dit hardiment ses fautes à quelqu'un.

fetekou. Cure-oreille.

fetenoumbi. Se reprocher mutuellement ses défauts.

felekou. La corde ou courroie qui est sur la tête des bêtes de somme. La partie supérieure de la bride.

feleri feterilambi. Cela se dit du mouvement des narines lorsqu'on entend quelque chose de risible, dont on rit. Remuer les narines. On dit alors *oforo feteri feterilambi.*

feterembi. Reprocher à quelqu'un des crimes cachés, lui reprocher ses fautes. Cela se dit aussi des animaux qui grattent la terre avec leurs pieds, qui la creusent. Vouloir faire avouer à un homme et les crimes qu'il a commis, et ceux qu'il n'a pas commis.

feden. Les cinq éléments. Alors on dit *sountcha feden,* ..

fetetchoun. Reproches continuels. Médisance qu'on fait sans cesse à tort et à travers.

feteme niamniambi. Tirer de la fleche à cheval contre le bonnet qui sert de but.

felefi yaboumbi. Aller sans crainte braver tous les dangers.

fete. Ordonner de marcher des premiers lorsqu'on est à la guerre ou au combat, de précéder, d'user de vigueur et de diligence.

ⵜⵉⵜⵜⴼⵏ. *felembi.* Entortiller ses cheveux sur la tête. Cela se dit des femmes. Exposer sa vie sans craindre. Prier quelqu'un de quelque chose, sans honte.

ⵜⵉⵜⵙⵓⴼⵏ. *feleboumbi.* Ordonner d'entortiller ses cheveux sur sa tête, etc.

ⵜⵉⵜⵓ. *felie.* Ordonner de marcher. (Impératif de ⵜⵉⵜⵜⴼⵏ. *feliembi.*)

ⵜⵉⵜⵀⵓ. *felehoun.* Homme qui insulte ses supérieurs. Mauvais garnement. Méchant homme.

ⵜⵉⵜⵀⵓⵜⴼⵏ. *felehoutembi.* Se révolter contre ses supérieurs; ou, pour mieux dire, leur faire du mal. Sans savoir se connoître, ou sans vouloir se mesurer, faire à tort à travers ce qu'on s'imagine.

ⵜⵉⵜⵜⴼⵏ. *feliembi.* Marcher. Faire des pas. Cela se dit des enfants qui savent marcher. Parler de mariage.

ⵜⵉⵜⵜⵙⵓⴼⵏ. *felieboumbi.* Ordonner de marcher, de faire des pas.

ⵜⴼⵏ, *femen.* Levres.

ⵜⴼⵏ ⵡⴰⵜⵙⵓⴼⵏ, *femen atchaboumbi.* Coudre deux pieces l'une avec l'autre, etc.

ⵜⴼⵏ ⵙⵓⵜⴼⵏ, *femen kamanimbi.* Serrer les levres.

ⵜⵙⵅⵏ, *fetcherki.* En bas. Au-dessous. Sous le ciel, etc.

ⵜⵛⵏ. *fetchiki.* Cela se dit de ceux qui ne gardent aucune regle de mœurs et de bienséance. Cette mauvaise action est la premiere de cette espece. Quelle action mauvaise, méchante est celle-là, ᴗᴗᴗ ᴗᴗ ᴗᴗᴗ ᴗ ᴗᴗ ᴗᴗᴗ ᴗᴗᴗ, *ere ai hatchin ni ehe fetchiki piheni!* Quelle méchanceté ne renferme pas cette action! Cette action n'a rien de mauvais, elle est très bonne, ᴗᴗᴗ ᴗᴗᴗ. *apche fetchiki.* C'est une maniere de parler.

ᴗᴗᴗ. *fetchouhoun.* Femme qui a un galant qui a le cœur gâté, peu droit, pervers.

ᴗᴗᴗ ᴗᴗᴗ. *fetcherki femen.* Levre inférieure.

ᴗᴗᴗ. *fetcherguingue.* De dessous. D'en bas.

ᴗᴗᴗ. *fetchile.* En bas. Au-dessous. On dit encore ᴗᴗᴗ. *fetchergui.*

ᴗᴗᴗ ᴗᴗ. *fetchile pi.* Elle a conçu. On dit de même ᴗᴗᴗ ᴗᴗᴗ. *pei tchoursou.*

ᴗᴗᴗ ᴗᴗᴗ. *fetchile paha.* Elle est enceinte.

ᴗᴗᴗ. *fetchilen.* Espece d'attrape ou de filet fait avec du crin pour prendre les oiseaux. On l'appelle aussi ᴗᴗᴗ. *hourka.*

ᴗᴗᴗ. *fetchileboumbi.* Ordonner de tendre le filet ou l'attrape.

ᴗᴗᴗ. *fetchoun.* Homme qui est accoutumé à faire de mauvaises actions, qui fait sans cesse des actions dont il devroit rougir.

ᴗᴗᴗ. *feie.* Plaie, coupure, blessure. On dit encore ᴗᴗᴗ. *fourdan*, et ᴗᴗᴗ ᴗᴗᴗ. *feie fourdan.* Nid d'oiseau. Lieu où les oiseaux, les poules, etc., se couchent. Tête d'un ulcere, d'un bouton. Piquûre d'aiguille. Trou fait avec une aiguille sur la chair.

ᖳᐧᕁᐟᒣᐧᖴᒷᑎ. *feïelembi.* Faire son nid. Être blessé.

ᖳᐨᐦᕁᐩᐧ. *feheren.* L'entre-deux des sourcils.

ᖳᐨᐦᕁᐨᖴᒷᑎ. *feherekepi.* La colere lui a passé. Il s'est appaisé.

ᖳᐨᐦ. *fehi.* Cervelle, ou, pour mieux dire, liqueur qui est dans le cerveau.

ᖳᐨᓂᐧ. *fekoun.* Trot d'un cheval. Saut.

ᖳᐨᐦ ᐧᑌᓑ. *fehi akou.* Il n'a point de mémoire. Il n'a point de cervelle.

ᖳᐨᓂᓅᖴᒷᑎ. *fekouboumbi.* Faire trotter. Faire sauter.

ᖳᐨᓂᓛᖴᒷᑎ. *fekountchimbi.* Sauter en arriere. Venir sauter.

ᖳᐨᓂᖴᒷᑎ. *fekoumbi.* Sauter. Faire des sauts. Sauter un ruisseau. Passer la mer. Passer une riviere. Cela se dit aussi des étoffes de soie qui, après avoir été mouillées, se froncent, ou font de petites élévations lorsqu'elles sont seches.

ᖳᐨᓂᐟᖴᒷᑎ. *fekounembi.* Aller sauter. Aller passer. Aller sauter un ruisseau, une riviere, etc.

ᖳᐨᓂᕁᖴᒷᑎ. *fekoutchembi.* Tressaillir d'aise. Sauter de joie. S'élever par sauts.

ᖳᐨᓂᖴᓅᖴᒷᑎ. *fekoumboumbi.* Faire trotter un cheval. Aller le trot, etc. Aller le grand trot.

ᖳᐨᓂᐧ ᑌᐧᑎᓅᐟᐧ. *fekoun oualiabouha.* Il n'a point

de détermination fixe. Il ne sait où donner de la tête. Il est tout troublé. Il ne sait à quoi s'en tenir.

fehoumbi. Cela se dit des oiseaux, etc., qui s'accouplent. S'accoupler. Mettre les pieds sur quelque chose pour s'élever. Fouler aux pieds, etc.

fekouri. Le bois traversal d'une espece de traîneau ou de tombereau sans roue. Ce tombereau ou traîneau dans lequel on porte des herbes, etc., sur la neige, s'appelle *fara.*

fe koutchou. Ancien ami.

fehouboumbi. Être entraîné. Ordonner de fouler aux pieds, de poursuivre. Être poursuivi. Être foulé aux pieds.

fehoutembi. Fouler aux pieds, etc.

fere tchalan. Nom d'une espece de mandarinat.

fere. La muraille qui est au nord. Cette muraille est de natte. Nattes qu'on met autour du lieu que doit habiter l'empereur lorsqu'il est à la chasse. Le fond, le bas de quelque chose que ce soit. Le fond d'un puits. Le fond de la chaise.

ferehe. Avoir des défaillances. Avoir des étourdissements.

ferehe singueri, Espece de chauve-souris qu'on nomme aussi *asahanga singueri.*

feri. L'épiderme ou la peau des animaux qui est immédiatement sous le poil.

fere sele. Le fer du bout du carquois.

ferci po. Les appartements qui sont derriere l'appartement d'honneur.

feingue. Qui est ancien, etc.

ferembi. Tintement d'oreilles qu'on a après avoir entendu le bruit du tonnerre ou du canon. On dit au prétérit *ferekepi.* Avoir des étourdissements, des maux de cœur, des défaillances, etc. Cela se dit aussi des étoffes qui ont perdu leurs couleurs lorsqu'elles sont vieilles, etc. Cela se dit encore de quelque chose qui a changé ou de nature ou de couleur.

fe yamtchi. La derniere nuit de l'année. C'est la nuit du trentieme de la derniere lune.

fefe. La partie extérieure de la génération dans les femmes. (*Yn men* en chinois.)

fetchilembi. Tendre le filet ou le trébuchet pour prendre les oiseaux.

fei sere herguen.

fei. Concubines de l'empereur. (*Fei* en chin.)

feise. Briques, carreaux.

feise ouehe tchele. Ordonner de ranger les pierres, les briques.

feikin. Or en feuilles. (*Fei kin* en chinois.)

fer sere herguen.

fer seme. Tantôt d'une façon, tantôt de l'autre.

ᡶᡝᡵᡤᡠᡝ. *fergue.* Ergots des coqs. Les trois autres harpons se nomment ᠣᠴᠣᡥᠣ. *ochoho.* La couture qui joint ensemble les deux parties de la culotte.

ᡶᡝᡵᡤᡠᡝᡨᡠᠨ. *ferguetoun.* Anneau qu'on met au pouce pour tirer de la fleche.

ᡶᡝᡵᡥᡝ. *ferhe.* Le gros doigt du pied.

ᡶᡝᡵᡩᡝᠨ. *ferden.* Les deux narines, ou le cartilage des deux narines.

ᡶᡝᡵᡤᡠᡳᠩᡤᡠᡝ. *ferguingue.* Qui entend parfaitement quelque chose. Savant. Habile.

ᡶᡝᡵᡤᡠᡳᡥᡝ. *ferguihe.* Il est tout endormi. Avoir des fourmillements dans les levres, sur le corps, etc. Il a été piqué.

ᡶᡝᡵᡥᡝ ᡴᡳᡨᠠᠮᠪᡳ. *ferhe kitambi.* Prendre pour soi ce qu'il y a de meilleur lorsqu'on a à partager quelque chose. Laisser quelque chose pour l'usage, après avoir distribué également le reste.

ᡶᡝᡵᡥᡝᠯᡝᠮᠪᡳ. *ferhelembi.* Bander l'arc.

ᡶᡝᡵᡴᡠᡝᠮᠪᡳ. *ferkouembi.* Louer, applaudir. Donner des éloges. Prodige, ou chose merveilleuse qui arrive.

ᡶᡝᡵᡴᡠᠣᠪᠣᡠᠮᠪᡳ. *ferkouoboumbi.* Ordonner de donner des éloges, de féliciter. Être loué, etc.

ᡶᡝᡵᡴᡠᡝᠨᡩᠣᡠᠮᠪᡳ. *ferkouendoumbi.* Lorsque le commun loue quelque chose. On dit encore ᡶᡝᡵᡴᡠᠣᠨᠣᡠᠮᠪᡳ. *ferkouonoumbi.*

ᡶᡝᡵᡴᡠᠣᡨᠴᡥᠣᡠᠨ. *ferkouotchoun.* Chose de bonne augure; comme la plante de l'immortalité lorsqu'elle croît sur quelque tombeau. Merveille, etc.

ferkouotchouke. Chose merveilleuse, extraordinaire.

ferkouotchoukenialma. Homme extraordinaire. Affaire merveilleuse, *ferkouotchouke peita.* Chose prodigieuse, *ferkouotchouke tchaka,*

fer far seme. Sans force. Avec beaucoup de foiblesse; comme après une maladie. Semblable à un papillon.

ferguime nimembi. Souffrir le mal d'une piquûre de scorpion, d'abeille, etc. Être piqué, etc.

fen sere herguen.

fen. Coupé en lignes transversales. Poisson coupé en morceaux. En un morceau, en deux, etc. *emou fen, tchouo fen.* Un morceau, deux morceaux.

feng sere herguen.

fengchen. Pourvu des biens de la fortune à suffisance, à son aise. Avoir un emploi.

fengse. Bassin. Plat. (*Pen tsée* en chinois.)

fengsekou. Petit bassin. Petit plat.

fengchengue. Qui est à l'aise. Qui a du bien et des charges suffisamment pour vivre avec honneur.

fek sere herguen.

fekche. Ordonner de courir la poste à cheval. (Impératif du verbe suivant.)

fekchembi. Courir la poste.

fekjeboumbi. Lâcher les chiens pendant la nuit lorsqu'on est à la chasse, pour qu'ils découvrent l'endroit où sont les bêtes fauves, et qu'on puisse les chasser. Ordonner de courir la poste.

fekjendoumbi. Lorsque plusieurs chevaux courent à la fois.

fekchoun. Alun de roche. Alun romain.

fektchouhoun. Apre.

fektchembi. Avoir des palpitations de cœur. On dit aussi *fektcheme achchambi.*

fekjeme chotome. Donner de l'éperon à un cheval pour le faire aller encore plus vîte. Presser quelqu'un qui court pour le faire courir davantage.

fekjekou. Espece de cage de bois à prendre les poissons. C'est une barre d'environ une brasse de long. On attache une corde à l'un des bouts; à cette corde est attachée une pierre qui fait aller au fond un des bouts de la barre. Sur l'autre bout qui est sur l'eau est planté un clou, auquel on attache des ficelles avec des hameçons, etc.

fektchekou. Nom d'une espece d'arbre qui ressemble au noyer par son écorce: cette écorce et les feuilles étant pliées et infusées dans l'eau sont un poison pour les poissons, quand on jette cette eau dans la riviere ou dans un étang. Les Chinois s'en servent de cette maniere.

𐒢𐒴𐒻𐒲 𐒰𐒻𐒵𐒻𐒲 𐒲𐒴𐒴𐒵𐒷𐒲. *fes sere herguen.*

𐒢𐒴𐒻𐒷𐒲. *feshen.* Espece de terrine à mettre des biscuits, du riz, etc. Espece de vase de bois à mettre des biscuits, etc.

𐒢𐒴𐒻𐒷𐒼𐒻𐒷. *feshembi.* Fatiguer, peiner. Avoir de la peine, de la fatigue. Être offensé, etc.

𐒢𐒴𐒻𐒷𐒲 𐒢𐒴𐒻𐒲. *feshen efen.* Nom d'une espece de pâtisserie ou de pain qu'on fait en répandant d'abord quelques poignées de farine dans l'eau qui est alors sur le feu, et après que cette eau est épaissie on jette par-dessus de la farine de pois, etc.

𐒢𐒴𐒻𐒷𐒼𐒷𐒻. *fesheboumbi.* Opprimer quelqu'un, lui faire du chagrin. Être opprimé. On dit encore *niktchambi*, 𐒲𐒴𐒻𐒷𐒼𐒻.

𐒢𐒴𐒻𐒷𐒼𐒻𐒷. *feshelembi.* Donner des coups de pieds. Jeter quelque chose avec le pied. Rejimber comme les chevaux, etc.

𐒢𐒴𐒻𐒷𐒼𐒷𐒼𐒻. *fesheleboumbi.* Recevoir des coups de pieds.

𐒢𐒴𐒻𐒷𐒼𐒻𐒷. *feshechembi.* Pousser quelque chose avec le pied. Donner du pied contre quelque chose. On dit de même 𐒢𐒴𐒻𐒷𐒼𐒻. *fechchembi.*

𐒢𐒴𐒻𐒷𐒼𐒻 𐒷𐒼𐒷𐒼𐒻. *fesheleme taboumbi.* Armer l'arc d'une corde, en mettant le pied sur l'un des bouts, et tenant l'autre bout avec la main pour avoir plus de force.

FIHA

fet sere herguen.

fethe. Nageoires des poissons qui sont dans la partie d'en bas; celles de la partie d'en haut s'appellent *outchika.*

fep sere herguen.

fepkiembi. Parler en dormant. Parler en rêve. Parler *ab hoc et ab hac* comme si l'on rêvoit.

fel sere herguen.

felhen. Espece de tente faite avec des herbes pour garantir les chevaux du grand soleil. Treillis. Échalas pour les vignes, pour les fleurs, etc.

fem sere herguen.

fembi. Étendre les herbes, les paquets d'herbes nouvellement coupées. Parler sans savoir ce qu'on dit. On dit aussi *elben fembi.*

fembi. Adresse d'une lettre. (*Foung pi* en chinois.)

fempilembi. Mettre l'adresse d'une lettre.

fempileboumbi. Faire mettre l'adresse d'une lettre.

fempile. Ordonner de mettre l'adresse, le dessus d'une letîre. (Impératif de *fempilembi.*)

fi sere herguen.

fi. Pinceau à écrire. (*Pi* en chinois.)

fihanahapi. Insulte ou injure qu'on

dit à quelqu'un; comme qui diroit: Gros ventre pourri.

fika choro. Nom d'une espece de barillet fait de bamboux : il a le ventre gros, et les extrémités plus minces.

fiha yo. Mal vénérien dans les hommes et dans les femmes. On l'appelle aussi *nikan yo*, et *chatchin yo*.

fikatala. Chemin qui se détourne au loin.

fihali. Homme hébété.

fihachambi. Ne savoir que dire sur quelque chose.

fisa. Les épaules.

fiseme ahambi. Pluie mêlée de vent et d'orage. Il tombe une pluie d'orage.

fiseke fijelan. Branches collatérales.

fisehou. Galerie couverte qui est le long des bâtiments.

fijehe. Nom d'une espece de millet. Nom d'une espece de grain.

fijekou. Lambin, homme qui ne fait les choses qu'avec lenteur et nonchalance.

fisemboumbi. Transmettre quelque chose de l'un à l'autre. Faire plus large que le modele, un habit, par exemple. Raconter. Faire le devant de la semelle des bottes ou pantoufles plus large que le derriere.

fijehimbi. Secouer ses mains quand elles sont mouillées. Envelopper ses manches contre le bras pour ne pas le salir, par exemple. Secouer ses manches pour les faire tomber lorsqu'elles sont troussées.

fijehiboumbi. Ordonner de secouer ses mains quand elles sont mouillées. Ordonner de rabattre ses manches en les secouant, et de les envelopper autour du bras.

fisa fichakou. Espece d'instrument fait de corne ou de bois, en forme de main, pour se gratter.

fijen. Espece de filet dont les trous sont très petits et en grande quantité. Amas très serré de maisons, etc. Serré. Fin. Toile, étoffe d'un tissu très fin, très délié. Homme sincere et bon. Bois, forêts ou herbes très touffus, très serrés, etc. Viande où il n'y a que du maigre. On dit alors *fijen yenli.*

fijekan. Un peu maigre. Homme qui a de quoi vivre. On dit alors *ere nialma fijekan.* Toile, soie un peu fine, un peu déliée, d'un tissu un peu fin.

fita. Serré. Qui n'a point de vuide. Lier serré. Prendre serré, etc.

fita hoaita. Ordonner de lier fortement, de serrer.

fita hataha. Cela est arrêté ferme, est cloué à demeure.

fita tchafa. Ordonner de prendre ferme. Serre.

fita hoaitaha. Lier étroitement. Lier ferme.

fita mampirakou. Nœud qui n'est pas trop serré.

fitembi. S'appuyer sur l'autorité de quelqu'un. Faire parade de la protection de quelqu'un, lorsqu'on fait quelque chose qui n'est pas bien. Faire venir les chevaux d'un autre endroit.

fitenembi. Lever des chevaux.

fitere ounguire. Lever des troupes pour les envoyer contre l'ennemi.

filekou. Trappe. Vase à contenir des charbons allumés.

filembi. Se chauffer à la trappe lorsqu'il fait grand froid.

fileboumbi. Ordonner à quelqu'un de se chauffer.

fimerakou. Il n'en sauroit venir à bout. Qui ne sauroit venir à bout d'une affaire.

fili. Fixe à quelque chose. Qui ne partage point son attention. Quelque chose qui est compact, qui n'a point de vuide. Solide. Cœur ferme. Force d'esprit.

fili fiktou akou. Sans rime ni raison. Querelle d'Allemand.

fimetchi otchorakou. Je ne saurois le souffrir. Ne pouvoir supporter quelqu'un. Il ne sauroit être présenté. Il n'est pas présentable à l'empereur, par exemple, qu'il ne s'approche pas. ᠊᠊᠊ ᠊᠊᠊. *hantchi fimebourakou.*

᠊᠊᠊. *fimeboumbi.* Ordonner de coudre deux pieces l'une contre l'autre. Ordonner d'examiner, etc.

᠊᠊᠊. *fimembi.* Coudre une piece à une autre. Joindre par la couture les pieces d'un habit. Examiner si une chose est bonne ou non.

᠊᠊᠊. *fitchakou.* Flûte; c'est un instrument de musique qui donne un des huit sons musicaux.

᠊᠊᠊. *fitchambi.* Siffler pour appeler le cerf. Jouer de la flûte, du *cheng* et autres instruments à vent.

᠊᠊᠊ ᠊᠊᠊. *fitchakou orho.* Nom d'une espece de plante qui ressemble à celle qu'on appelle *mao kan* en chinois : elle est plus petite, et elle vient sur les côteaux.

᠊᠊᠊. *fitchiri.* Graine de chanvre. Nom d'une espece de chanvre.

᠊᠊᠊. *fitchirembi.* Lancer une fleche rez terre. Cela se dit des oiseaux qui rasent la terre en volant.

᠊᠊᠊ ᠊᠊᠊. *fichour seme.* Faire nonchalamment quelque chose, etc. Avec nonchalance.

᠊᠊᠊ ᠊᠊᠊. *fitchireme koiha.* La fleche en rasant la terre à atteint le but.

᠊᠊᠊ ᠊᠊᠊. *fien sain.* Belle couleur. Cheval qui a un beau poil.

FIEN

fien. Nom d'une espece de graine qui donne la couleur rouge. Les femmes s'en teignent les levres. Couleur de l'homme, des choses, etc. Couleur ou encolure des chevaux.

fientchihien. Sobre. Qui mange peu.

fialhou. Paresseux. Négligent.

fiatchoumbi. Se plaindre lorsqu'on souffre. Pousser des soupirs de douleur.

fiatchoumbi. Éviter de faire quelque chose.

fia. Nom d'une espece d'arbre dont le bois est blanc, les feuilles petites. Le nom de son écorce est *tolhon.* On se sert du bois de cet arbre pour faire de petites barques et des seaux à porter de l'eau, avec leurs couvercles. Son écorce étant seche, on en fait des bandes pour coller sur l'arc. Lorsqu'elle est blanche, on l'appelle *changuien alan :* lorsqu'elle est de plusieurs couleurs, on l'appelle *kouri alan :* lorsqu'elle est rouge, on l'appelle *foulguien alan*, et *tchalfa.*

fien touara tchepele. Nom d'une machine sur laquelle on met les carquois, les ceintures, etc. On l'appelle aussi *choulhoun yoro.*

fientchi. Orphelin, qui n'a point de pere. Arriere-garde. Dernier rang dans les troupes, ou parmi les gardes qui suivent l'empereur.

𐒿𐒿𐒿. *fiantchi tchouha.* Arriere-garde d'une armée. Derniers rangs de l'armée. Soldats qui accompagnent les convois d'argent, etc.

𐒿𐒿𐒿. *fiantchi erdoun.* Orphelin, qui n'a ni pere ni mere.

𐒿𐒿𐒿. *fien touaboumbi.* Envoyer les avant-coureurs de l'armée pour voir la disposition de l'armée ennemie.

𐒿𐒿𐒿. *fientchilambi.* Être à l'arriere-garde. Être au dernier rang de l'armée. Se mettre à couvert derriere un paravent.

𐒿𐒿𐒿. *fientchi talikou.* Paravent.

𐒿𐒿𐒿. *fientchi talikou y kese.* Espece de paravent sur lequel ou contre lequel on peut s'appuyer.

𐒿𐒿𐒿. *fiakiame halhoun.* Chaleur très ardente. Lorsque les rayons du soleil dardent contre nous, par exemple.

𐒿𐒿𐒿. *fien hoaliaka.* La couleur de cet habit, de cet homme a changé. Ce n'est plus la même.

𐒿𐒿𐒿. *fiakien.* Très chaud. Ardent. Brûlant.

𐒿𐒿𐒿. *fiatchou.* Faon de biche.

𐒿𐒿𐒿. *fianga.* Qui a de la couleur. Homme qui a bonne physionomie, qui a l'apparence d'un homme poli et vertueux, qui a une contenance majestueuse.

𐒿𐒿𐒿. *fiatchounarangue.* Injure qu'on dit à quelqu'un et qui équivaut à ces mots: Misérable ver de terre. A la lettre, cela signifie : Ver de cul ou qui doit devenir tel.

༺༻. *fiarou.* Nom d'une espece d'insecte qui ressemble aux vers que l'on rend par le derriere, avec la différence qu'il a des jambes et qu'il tire sur le noir. Ce ver vient sur la viande seche qui commence à se gâter.

༺༻. *fiakou.* Ordonner de se chauffer au feu, de faire sécher auprès du feu quelque chose.

༺༻. *fiakoumbi.* Se chauffer auprès du feu. On dit aussi ༺༻. *filembi.* Prendre l'air du feu quand on a froid. Faire sécher quelque chose au soleil. Chauffer.

༺༻. *fiasambi.* Cela se dit de l'arc qui est trop sec. On dit alors ༺༻ ༺༻. *peri olhombi.*

༺༻. *fiakouboumbi.* Faire sécher quelque chose au soleil. Ordonner de se chauffer. Faire rôtir de la viande.

༺༻. *fiarinkiambi.* Faire sécher. Faire blanchir quelque chose au soleil. Faire sécher au soleil l'écorce dont on se sert pour coller contre les arcs, etc.

༺༻. *fiaringkiaboumbi.* Faire sécher au soleil. Faire blanchir quelque chose, etc.

༺༻. *fiasakapi.* L'arc s'est desséché, s'est séché, il est devenu sec. On dit aussi ༺༻ ༺༻. *peri olhome tchaptcheha.*

༺༻. *fiatarakou.* Nom d'une espece d'arbre

qu'on appelle aussi ⟨⟩ ⟨⟩. *hiekten mo*, qui ressemble à la vigne sauvage : on en fait des sifflets pour appeler les cerfs, des chevilles pour les petites barques. On en fait aussi des pilotis. Ce bois mis au feu pétille.

⟨⟩. *fiahahapi.* La peau de ses mains ou de ses pieds s'est endurcie. Cela se dit aussi des égouts ou ruisseaux dont le fond ou la vase s'est desséchée ou durcie. Cela se dit aussi des ulceres déja guéris qui ont encore une superficie dure.

⟨⟩. *fialangui.* Parler sans faire attention si ce qu'on dit convient ou non. On dit encore ⟨⟩ ⟨⟩, *fialar seme.*

⟨⟩. *fiahanahapi.* La peau de cet homme s'est durcie, épaissie, etc.

⟨⟩. *fiahanambi.* Il s'est formé une crasse dure sur les pieds. La peau s'est durcie, épaissie, etc.

⟨⟩. *fiasha.* Muraille collatérale d'une maison, d'une chambre.

⟨⟩. *fianarambi.* Parler contre sa pensée. Tenir avec la main de la soie, de la toile qui seroit froncée. Dire ce qu'il ne faudroit pas.

⟨⟩. *fiangtahoun.* Homme grand et fort, gras et robuste.

⟨⟩. *fiangtanahapi.* Il a grossi. Il a engraissé.

⟨⟩ ⟨⟩. *fiasha tchetchike.* Nom qu'on donne aux moineaux domestiques. On les appelle

FIA

aussi ⟨⟩. *tchingtchara*, ⟨⟩. *pountchiha*, et ⟨⟩. *tchaleme tchetchike*.

⟨⟩. *fiangtahouri*. Assemblée d'hommes tous gros et gras.

⟨⟩, *fina*. Nom d'un anneau qui est à la croupiere des chevaux et qui joint les deux pieces de la courroie qui passe sous la queue.

⟨⟩. *fiana*. Espece de hotte dans laquelle les gens de campagne portent leurs fruits. On l'appelle aussi ⟨⟩. *ounoun fiana*.

⟨⟩. *fiarounarou*. Injure qu'on dit; comme si l'on appelloit quelqu'un, Ver de terre, etc.

⟨⟩. *fiak fik seme*. Cela se dit des bêtes qui courent ou qui se sauvent tantôt d'un côté, tantôt de l'autre. Parler sans dire vrai. Dire un tissu de mensonges. ⟨⟩, *koimali holo nialma be fiak fik seme akdatchi otchorakou*. On ne sauroit se fier à ces sortes de gens qui, ayant un cœur pervers, ne parlent que pour tromper.

⟨⟩. *fiartoun*. Tache qui est sur une tablette de pierre précieuse. Défaut dans les paroles. Parole défectueuse. Marque qui reste lorsque l'ulcere est guéri. Tache ou marque qui reste après une brûlure.

⟨⟩. *fiapkou*. Nom d'une espece de moineau dont le plumage est de couleur de capucin.

⟨⟩. *fiarounahangue*. Injure qu'on dit à quelqu'un en lui souhaitant de devenir après sa mort ver d'excrément.

FIA

fien akou. Il n'a point de contenance. Il est léger, tantôt d'une façon, et tantôt d'une autre.

fiartounaha. Il a les marques, les cicatrices de ses plaies, ulceres, etc.

fiangou. Le petit doigt. Le dernier des enfants.

fiangou simhoun. Le petit doigt.

fiak seme. Cela se dit des chevaux qui tout d'un coup sautent de l'autre côté.

fiar fir seme ouatchiha. Cela est sur le point d'être achevé. Je vais finir, etc. On dit aussi *fiar seme ouatchiha.*

fiahan. La plante des pieds. La paume de la main. Le dessous des pieds dans les quadrupedes. Agate, pierre précieuse. Peau de la main ou des pieds qui est dure. Pierre précieuse sans défauts. Écaille sans défauts. On l'appelle aussi *kou fiahan.*

fieren. Cela se dit des montagnes entr'ouvertes. Des fentes des montagnes, etc.

fiahantchambi. Troquer une chose contre une autre. Changer une chose d'un lieu à un autre. Faire un échange d'une chose contre une autre. Donner une chose pour en avoir une autre.

fiaksa. Nom d'une espece d'arbre très léger, mais fort: ses fleurs sont belles; ses feuilles sont comme celles du *cha mou* des Chinois, elles sont plus larges et plus longues : on en fait toutes sortes d'ouvrages. On l'appelle encore ⟨⟩ ⟨⟩. *fiaksa mo.*

⟨⟩. *fiahantchaboumbi.* Ordonner de troquer, de changer une chose contre une autre.

⟨⟩. *fiehambi.* Filer du câble. Cela se dit des éperviers qui, au lieu de prendre le gibier, se sauvent, ou prennent leur vol fort haut. Lorsqu'on monte à cheval, écarter fort la jambe. Sauter sur un cheval. Monter en volant.

⟨⟩. *fielen.* Bec jaune, comme celui des petits de tous les oiseaux. Nom d'une espece de plante. Un article d'un livre. Une page. Nom d'une autre espece de plante qui ressemble à celle qu'on appelle *po ho* en chinois : sa racine est rougeâtre ; ses feuilles sont petites et rondes : on les fait cuire pour les manger. Dartre.

⟨⟩. *fiangouchambi.* Cela se dit des petits enfants qui se démenent en badinant ou en se fâchant. On dit aussi ⟨⟩. *halachambi.*

⟨⟩. *fiaratala.* Battu jusqu'à la mort. Alors on dit ⟨⟩ ⟨⟩. *fiaratala tandaha*, ou bien ⟨⟩ ⟨⟩. *ouatai tandaha.* Lorsqu'on a reçu beaucoup de coups on dit ⟨⟩ ⟨⟩. *fiaratala paha.*

⟨⟩. *fialar seme.* Sans discrétion, imprudemment ; comme ceux qui disent tout ce qui leur vient dans l'idée. On dit de même ⟨⟩. *fialar*, et ⟨⟩. *fialangui.*

⟨⟩. *fiar seme.* Sur le point de finir quelque chose. On dit alors ⟨⟩ ⟨⟩. *fiar seme oua-*

tchiha, ou bien 𐰀𐰀𐰀 𐰀𐰀 𐰀𐰀𐰀 𐰀𐰀𐰀𐰀. *fiar fir seme ouatchiha.*

𐰀𐰀𐰀𐰀 𐰀𐰀𐰀. *fiartoun kialou.* Fente qui se trouve quelquefois dans l'ivoire, etc. On dit encore simplement 𐰀𐰀𐰀. *kialou.*

𐰀𐰀. *fie.* Nom d'une espece de toile faite avec du chanvre sauvage, et d'autres plantes semblables, dont l'une s'appelle *ko,* et l'autre *teng* en chinois.

𐰀𐰀 𐰀𐰀. *fiehou mama.* Suspendre à des arbres ou sur une montagne des monnoies de papier, etc., en l'honneur des esprits qui y président. On dit alors 𐰀𐰀 𐰀𐰀 𐰀𐰀 𐰀𐰀 𐰀𐰀. *fiehou mama te pasan ouorimbi.*

𐰀𐰀𐰀. *fierehe.* Il s'est fendu.

𐰀𐰀𐰀. *fierenembi.* Se fendre, etc.

𐰀𐰀. *fiengou.* Le ventre de l'ours.

𐰀𐰀. *fielekou.* Lieu haut et escarpé.

𐰀𐰀 𐰀𐰀. *fiekou mo.* Arbre sur lequel a grimpé un tigre et qu'il a ensanglanté. Il ne faut pas s'approcher de cet arbre, ni le couper.

𐰀𐰀𐰀. *fientembi.* Dire inconsidérément une chose qu'on ne sait qu'à demi, et la tourner à sa façon comme si c'étoit quelque chose de sûr. Rapporter mal-à-propos et d'une maniere pleine de mensonges tout ce qu'on entend, etc.

𐰀𐰀 *fien.* Les plumes qui sont au bois de la fleche. Les trois plumes qui sont à la fleche s'appellent 𐰀𐰀 𐰀𐰀. *emou fien.*

fientehetchehe. Il s'y est fait une fente. Cela se dit des instruments, tasses, etc. C'est le prétérit de *fientehetchembi.*

fientehe. Un bouquet de fleurs. Un paquet. Un monceau. Par paquet. Divisé par monceaux. Cordon dont les fils ne sont pas encore tressés, sont encore séparés. Une tête d'ail. Fleurs qui sont par bouquets. Un bouquet, un monceau, etc., se dit *fientehe.*

fielenkou. Nom d'une espece de faisan qui ressemble à la femelle du faisan ordinaire : il se tient dans les forêts épaisses.

fien nehepi. Cela se dit des chevaux qui ont des poils aux pieds qui viennent contre l'ordinaire, c'est-à-dire à rebours, de bas en haut.

fielekou hata. Pic d'une montagne. On dit encore *fielekou.*

fielfe. Talus, ou bords de la riviere qui vont en talus. Montagne qui monte insensiblement.

fietlehe. Nom d'un poisson de mer dont les écailles de la tête et du corps sont fort grandes : il ressemble à celui qu'on appelle *hoang kia yu* en chin.

fiolor seme. Mentir impunément, sans se déconcerter. On dit alors *fiolor seme holtombi.*

fiohombi. Prendre entre ses doigts l'osselet qui est demeuré droit et le jeter, etc.

fiorhon. Nom d'une espece d'oiseau qui béquette, pique les arbres pour en prendre les vers : il y en a de trois couleurs, de noirs, de chamarrés et de minimes.

fiotombi. Péter. Faire des pets.

fiokotchombi. Cela se dit des chevaux qui hennissent, rejimbent et se câbrent en se sauvant, ou étant attachés. Rejimber, etc.

fiokorombi. Parler et agir imprudemment, inconsidérément, *ab hoc et ab hac.* Hâbler.

fiotoho kisoun. Paroles qui n'ont que du son, qui ne sont qu'un vain bruit.

fiotokou. Ver qu'on fait par le derriere, et qui est de couleur noire.

fieou. Espece d'instrument de musique qui ressemble à un crible. Crible.

fiaose. Instrument à puiser de l'eau, ou à prendre de l'eau dans un bassin; c'est la moitié d'une courge seche, espece de cuiller. (*Piao* en chin.)

fihe. L'os qui est après celui de la jambe dans les chevaux, etc.

fihete. Homme un peu butor, un peu sot.

fihekepi. Lorsqu'on met quelque chose dans un vase, dans une machine qui est très pleine. Lieu plein de monde, etc. Plein.

fihembi. Remplir entièrement, autant que le vase, par exemple, peut contenir. Lieu plein de monde. Remplir un vuide, un creux, etc. Combler.

fiheboumbi. Ordonner de remplir, de mettre plein, de combler un fossé, par exemple, etc., de remplir un vuide, etc.

fihetele. Jusqu'à être plein. Jusqu'à être comblé, rempli, etc.

fihenembi. Aller remplir, aller combler un creux, un vuide, etc.

fihentchimbi. Venir remplir. Venir mettre plein. Venir combler.

fiheme laptou. En très grande quantité. Jusqu'à être très plein.

firoumbi. Faire des imprécations contre quelqu'un, lui souhaiter du mal. Faire des prieres aux esprits pour qu'ils fassent du bien à quelqu'un.

firouboumbi. Ordonner de faire des imprécations contre quelqu'un, de prier les esprits de faire du bien ou du mal à quelqu'un.

fifan. Nom d'un instrument de musique à cordes. (*Pi pa* en chinois.)

fifaka fosokongue. Il court tantôt d'un côté, tantôt de l'autre. On dit aussi *fifaka fosoko.*

fifaka, (*mbi.*) Qui se sauve de guet-à-pan. Cheval qui se sauve de son haras sans qu'on s'en apperçoive. Fleche qui après avoir donné contre quelque chose va d'un autre côté. Lorsqu'on jette quelque chose, et qu'il rejaillit hors de l'endroit où on l'avoit jeté.

fila. Sous-coupe. Petite assiette.

fir sere herguen.

fir seme. Avec gravité. Gravement. Majestueusement. Élégamment.

fir seme arambi. Écrire ou composer de suite, sans employer beaucoup de temps. Écrire élégamment.

fir fiar seme. Cela se dit de la démarche grave de certaines femmes. Avec majesté. Avec gravité, etc.

firkembi. Trahir un secret. Divulguer une chose qui doit être secrete.

firfin fiarfin. Pleurs, sanglots, bave, etc.; comme lorsqu'un enfant pleure la mort de son pere, et qu'il ne sauroit prononcer un seul mot. On dit également *pourboun parban*, et *fourfoun farfan*.

fir seme tchaolafi. S'incliner en tenant les mains jointes.

firkemboumbi. Trahir un secret. Être trahi dans son secret. Ordonner de divulguer un secret.

fin sere herguen.

fintambi. Être paralytique. Être estropié. Ne pouvoir point agir.

ᖝᖟ *fing sere herguen.*

ᖝᖟ *fing seme.* Avec bénignité. Bonnement. Qui a une apparence douce, bonne, etc. Enfin. Pour couper court.

ᖝᖟ *finkaboumbi.* Avoir la colique; comme lorsque, dans une dyssenterie, on a des épreintes, et que les boyaux se nouent.

ᖝᖟ *fik sere herguen.*

ᖝᖟ *fik seme.* En grande quantité. En grand nombre. Touffu. Serré, par grands monceaux, etc.

ᖝᖟ *fik seme pantchiha.* Les arbres, les herbes, les plantes, etc., sont venus en très grande quantité, très touffus, etc.

ᖝᖟ *fik seme tchaloukapi.* Cela est plein autant qu'il est possible. Il ne sauroit être plus plein qu'il ne l'est.

ᖝᖟ *fiktou.* Loisir. Haine.

ᖝᖟ *fiktou paimbi.* Chercher les défauts de quelque chose. Examiner si quelque chose n'a pas de défaut. On dit aussi ᖝᖟ *tchihalambi.* Chercher à connoître si une bête qu'on veut acheter n'a pas quelque défaut, quelque maladie, etc. Le proverbe dit : Il cherche jusqu'à la plus petite fente.

ᖝᖟ *fit sere herguen.*

ᖝᖟ *fithe.* Ordonner de battre le coton. Ordonner de toucher du clavecin, du *kin*, du *ché*, du *pi pa*. (Impératif de ᖝᖟ *fithembi.*)

༃༤༐ཉ྅ཧྑ྅, *fithembi.* Jeter avec force une brique ou telle autre chose qui revient après avoir frappé. Bruit de certaines choses lorsqu'elles brûlent. Éclater comme les épines qu'on brûle. Battre ou pincer un instrument à corde. Toucher ou pincer le *kin* et le *ché*. Battre du tambour. Frapper du doigt sur l'osselet. Frapper sur le coton avec la corde qui est à l'arc. Carder.

༃༤༐ཉ྅ཧྑ྅. *fitheboumbi.* Ordonner de battre le coton, de jouer du *kin* et du *ché.* Bruit que fait le bout de la meche lorsqu'après avoir fait le champignon elle éclate.

༃༤༐ཉ྅ཧྑ྅. *fithetchembi.* Bruit ou éclat des grains qu'on fait griller. Pétiller. Éclater, etc.

༃༤ ཉ྅ ཉ྅. *fio sere herguen.*

༃༤༐. *fioha.* Poussin, poulet de grain. Poulet ni trop gros ni trop petit.

༃༤ ཉ྅ ཉ྅. *fior seme oukiembi.* Humer du vermicelle en le prenant avec les bâtonnets. Humer quelque chose, etc.

༃༤ ཉ྅ ཉ྅. *fil sere herguen.*

༃༤༐. *filtahoun.* Terrain vuide, stérile, où rien ne vient. Vuide. Clarté. Désert. Couleur de chair. Couleur de terre rousse.

༃༤ ཉ྅ ཉ྅. *fo sere herguen.*

༃༤. *fo.* Nom d'un instrument rond, armé d'une espece de filet et d'un manche, avec lequel on ôte la glace d'un ruisseau, etc.

fo ouleboumbi. Donner à sucer à un enfant qui ne trouve point de lait ; lui donner de la bouillie, etc. ; le sevrer.

foniou. Biche, femelle du cerf.

fohapi. Il a des engelures au visage et aux mains. Cela vient en hiver lorsqu'on a été exposé à un vent froid.

foholon. Court, opposé à long.

foholokon. Un peu court.

fohotombi. Être en colere. Se mettre en colere.

foson. Clarté. Brillant de quelque chose. Brillant du feu. Clarté du soleil.

fosombi. Lorsque le soleil commence à luire. Lorsqu'on voit quelque chose briller, luire. Briller d'éclat, comme une chose sur laquelle le soleil donne. Éclabousser; comme lorsqu'on jette quelque chose dans l'eau.

fosoko. Le soleil a commencé à briller, à jeter ses rayons, à éclaircir les objets. Il s'est élevé de l'eau, des éclaboussures. Un fer qu'on bat, et qui renvoie de petites parties de côté et d'autre.

fosomi. Ordonner de relever ses habits en mettant les deux côtés sous la ceinture. (Impératif du verbe suivant.)

fosomimbi. Relever le bas des côtés de l'habit et les mettre sous la ceinture.

fosokiambi. Se mettre en colere. S'impatienter lorsque quelqu'un qu'on attend ne vient pas.

fosoboumbi. Recevoir une éclaboussure d'eau ou de boue.

fosor seme. En grande quantité; comme lorsqu'il y a une grande quantité de bêtes.

fosopa. Lieu éclairé par le soleil. Lieu que le soleil ou la lune éclaire. Lieu qui reçoit la réverbération de la lumiere par le moyen de l'eau ou d'un miroir. On dit aussi *helmechembi*, et *elden kaptabouha*. Réverbération du soleil.

fosok seme. Bruit que fait une bête qui sort tout-à-coup d'un bois épais ou du milieu des broussailles. On dit encore *fasak seme*.

fochor seme. En écumant de rage; comme un homme qui est fort en colere.

fochor seme obongui tektehe. Cette eau ou cette liqueur écume, fermente, etc.

fotor seme. En versant par dessus les bords. Bruit d'une eau qui bout. D'un air très colere.

fotor seme fouiembi. Cette eau, etc., bout très fort.

foto. Bâton ou branche de saule qu'on plante dans la terre lorsqu'on est à la sépulture pour honorer les morts. Ou bien mettre une baguette de saule dans le bâton creux qui est le symbole des ancêtres. Mettre des monnoies de papier de différentes couleurs, attachées à un bâton, au pied d'un tombeau.

ᡓᡆᡭᡆᡫᠣᠨ. [ᡪᡳ. ᠵᡳ.] *fotombi*, (*me*, *re*.) Crever de colere dans sa peau. Ne pouvoir respirer tant on est en colere. Avoir l'haleine coupée comme un malade. Être essoufflé en marchant trop vite, en trop travaillant.

ᡓᡆᡭᡆᡥᠣ. *fotoho*. Saule. (*Lieou* en chinois.)

ᡓᡆᡭᡆᡥᠣ ᡳᠩᡤᠠᡵᡳ. *fotoho ingari*. Fleurs de saule ou chatons de saule.

ᡓᡆᡭᡆᡥᠣ ᡠᠴᡳᠮᠪᡳ. *fotoho ouotchembi*. Attacher avec un cordon une branche de saule et l'offrir en sacrifice.

ᡓᡆᡭᠣᡵᠣᡴᠣ. [ᠮᠪᡳ.] *fotoroko*, (*mbi*.) Être étouffé, ne pouvoir respirer de colere. Qui a le poil à contresens, hérissé.

ᡓᡆᡭᠣᡵᠣᡴᠣᡦᡳ. *fotorokopi*. Qui a le poil hérissé, à rebours. Qui a les plumes hérissées ou à contre-sens. Qui ne peut respirer de colere.

ᡶᠣᠯᠣᠪᡠᠮᠪᡳ. *foloboumbi*. Ordonner de sculpter, de creuser avec un ciseau, de graver sur la pierre, de graver sur le métal.

ᡶᠣᠯᠣᠮᠪᡳ. *folombi*. Sculpter. Graver sur la pierre, sur le métal, etc.

ᡶᠣᠯᠣᡵᠣ ᡶᠠᡴᠴᠠ. *foloro fakche*. Sculpteur. Graveur.

ᡶᠣᠯᠣᡥᠣ ᡥᡳᡨᠠ. *foloho hitha*. Plaque de cuivre ou de fer qui est à côté de la tête du cheval, etc.

ᡶᠣᠮᡳᠯᠠᠮᠪᡳ. *fomilambi*. Retrousser ses habits et les mettre sous la ceinture.

186   FORI

ᡟᠣᡦᠣᠮᠴᡳ. *fomotchi.* Bas de feûtre.

ᡟᠣᠯᠣᡵᠣᠮᠪᡳ. *folorombi.* Chanvre ou soie qui est mêlée, et qu'on ne peut tirer aisément par fils.

ᡟᠣᠴᡳ. *fotchi.* Especes de souliers ou de bottes de peau qu'on met par dessus les souliers et les bottes ordinaires en temps d'hiver.

ᡟᠣ�. *foïo.* Queue de cheval dont le crin est tout mêlé, embarrassé.

ᡟᠣᠶᠣᡵᠣ. *foïoro.* Prunier. Nom d'un fruit. Prune.

ᡟᠣᠶᠣ ᡶᠠᡳᡨᠠᠮᠪᡳ. *foïo faitambi.* C'est une superstition par laquelle on croit trouver ce qu'on cherche : on fait trois ronds, on tire sept lignes qui traversent ; on détermine un nombre ; on compte sur les lignes, et l'on va du côté de la ligne où l'on s'est arrêté en comptant, ou qui termine le nombre qu'on avoit déterminé. On dit alors ᡟᠣᠶᠣ ᡶᠠᡳᡨᠠᠮᡝ ᡨᠣᡠᠠᠮᠪᡳ. *foïo faitame touambi.*

ᡟᠣᠶᠣ ᠣᠷᡥᠣ. *foïo orho.* Nom d'une herbe sauvage, dont les pauvres gens font des habits pour se garantir de la pluie : c'est une espece de jonc.

ᡟᠣᠶᠣᠨᠣᡥᠣ. *foïonoho.* La queue de ce cheval s'est toute mêlée. Les crins sont tout embrouillés.

ᡟᠣᠷᡳ. *fori,* (impératif de ᡟᠣᡵᡳᠮᠪᡳ. *forimbi.*) Ordonner de frapper. On dit aussi ᡨᠠᠨᡩᠠ. *tanda.* (Impératif de ᡨᠠᠨᡩᠠᠮᠪᡳ. *tandambi.*)

ᡟᠣᡵᡳᠮᠪᡳ. *forimbi.* Frapper à la porte. Frapper à coups de poings sur le dos de quelqu'un. Frapper sur le tam-

FORO

bour, sur le *lo*, etc. Cela se dit aussi des éperviers et oiseaux de proie qui frappent leur proie contre quelque chose.

ϛⷢⷬⷡ. *foribou*. Ordonner de battre les veilles, de frapper à la porte, de moudre, etc. (Impératif du verbe suivant.)

ϛⷢⷬⷡⷦⷩ. *foriboumbi*. Ordonner de frapper, de battre, de frapper à la porte, etc. Être frappé.

ϛⷢⷬⷡⷦⷩ. *foringuiambi*. Faire tourner entre ses doigts le bois d'une fleche pour voir s'il est droit ou non.

ϛⷢⷬ. *foro*. Ordonner de tourner du fil, de faire aller le tour. Ordonner de tourner la tête pour voir quelque chose. (Impératif du verbe suivant.)

ϛⷢⷬⷦⷩ. *forombi*. Tourner le corps et la tête pour regarder derriere soi. Retourner sur ses pas. Tourner. Se servir du tour pour dévider la soie, etc.

ϛⷢⷬⷯⷩ. *foroho itchi*. Du côté opposé. Vis-à-vis.

ϛⷢⷬⷫ. *foron*. Poils des bêtes qui vont en rond, qui ne sont pas droits. Cheveux qui vont en tournoyant, qui ne sont pas droits.

ϛⷢⷬⷡⷦⷩ. *foroboumbi*. Lorsqu'on offre, et que l'enchanteur se met à genoux en présence de l'esprit et lui offre de bonnes paroles, ou le prie, ou lui demande quelque chose. Ordonner d'aller vis-à-vis, de ce côté, du côté de cela. Ordonner de tourner la soie, de la mettre au tour. Ordonner de revenir sur ses pas.

ꗼꗸꘃ ꘁꘂꘃ. *foron sain.* Faire tourner un bois de fleche entre ses doigts, et le trouver droit, etc.

ꗼꘃ ꘁꘂꘃ ꘁꘂꘃ. *foi sere herguen.*

ꗼꘃꘃꗼꗸ, *foihori.* De quelque façon que ce soit. Sans s'embarrasser de quelle maniere la chose ira. Inconsidérément.

ꗼꘃꘃꗼꗸꘃꗼꘃ. *foihorilambi.* Faire inconsidérément et avec négligence. Faire une chose telle quelle, sans s'embarrasser si elle est bien ou mal. On dit de même ꘃꘃꗼꗸꘃꗼꘃ. *oihorilambi.*

ꗼꘃꗼ. *foifo*, (impératif du verbe suivant). Ordonner d'aiguiser un couteau, etc. On dit aussi ꘁꘂꘃ. *leke.* (Impératif de ꘁꘂꘃꘃ. *lekembi.*)

ꗼꘃꗼꘃ. *foifombi.* Aiguiser un couteau. On dit encore ꘁꘂꘃꘃ. *lekembi.*

ꗼꘃꗼꗸꘃ. *foifoboumbi.* Ordonner d'aiguiser. On dit encore ꘁꘂꗸꘃ. *lekeboumbi.*

ꗼꗸ ꘁꘂꘃ ꘁꘂꘃ. *for sere herguen.*

ꗼꗸ. *for.* Bruit qu'on fait en mangeant le *si fan.* Bruit d'une roue qui roule. Reniflement d'un cheval ombrageux.

ꗼꗸ ꗼꗸ. *for for.* Bruit que fait un cheval quand après avoir bien couru, il s'arrête, et pousse l'air avec ses narines. Bruit qu'on fait en mangeant le riz avec du bouillon.

ꗼꗸꗼ. *forko.* Tour à dévider la soie.

ꗼꗸꗼ ꘁ ꘁꘂꘃ ꘁꘂꘃ. *forko y sapha sele.* Le pivot sur lequel tourne le tour.

forhocho. Ordonner de changer le poste des troupes. (Impératif du verbe suivant.)

forhochombi. Changer de place. Aller et revenir. Changer le poste des troupes. Renverser ou mettre quelque chose dans une situation différente de celle où elle étoit. Changer le poste d'un mandarin, le placer dans une autre ville pour y remplir le même poste.

forhochoboumbi. Ordonner de changer de place, de poste, etc.

forhochome niamniambi. C'est une maniere de lancer la fleche. Après avoir déja percé la bête, décocher une seconde fleche.

forhon. Calendrier. Almanach. Saison. Temps de l'année, etc.

forhon y yarguien ton. Calcul des jours de chaque saison.

fortohon. Cela se dit des bêtes qui ont les naseaux relevés.

fortohon losa. Jumart. Espece de mulet qui a les naseaux comme les bœufs.

fortchin. Nom des instruments de bois faits avec les nœuds des arbres. On les appelle également *mouchouhou*, et *fouksouhou*.

fon sere herguen.

fon. Temps. C'est le temps. Dans le temps, etc.

fonde. Dans ce temps. Dans cette saison.

fontoho. Nom des instruments qui n'ont point de fond. Qui est percé. Quelque chose qui est percé, au travers duquel on voit le jour.

fonto. Trou fait par une fleche. Percé de part en part. Il a un trou. Il est percé. On dit aussi *fonto oho.*

fontolombi. Aller dans le fort de la mélée, percer les bataillons ennemis. Entrer dans l'ennemi. Percer quelque chose. Faire un trou.

fontotchombi. Faire un trou à quelque chose. Percer.

fonto kehoun. Percé à jour. Troué.

fonto toutchike. La fleche a traversé, a percé de part en part.

fontoloboumbi. Ordonner d'enfoncer les escadrons ennemis, de percer dans les ennemis, de faire un trou, de percer.

fontchi. Dès ce temps. Depuis lors.

fontchi. Ordonner de demander. (Impératif du verbe suivant.)

fontchimbi. Demander. Interroger.

fontchiboumbi. Ordonner de demander, d'interroger.

fontchin. Demande, interrogation. Demande et réponse. Dialogue. On dit alors *tatchin fontchin.*

fontchinambi. Aller demander.

fontchintchimbi. Venir demander.

fontchindoumbi. Lorsque le commun demande, interroge. On dit aussi *fontchinoumbi.*

fong sere herguen.

fongsongui. Nom d'une espece de poisson qui ressemble à celui qu'on appelle *tsiao teou* en chinois. Il y en a dans le lac *Soungari*, en Tartarie. Toiles d'araignées ou autres choses qui pendent au plancher d'une chambre qui n'est pas habitée. On dit encore *fongson.*

fongson. Autre nom du poisson décrit ci-dessus.

fonksombi. Être sale, mal-propre, couvert d'ordures ou de poussiere.

fongsokopi. Cette chambre, ce lit, etc., est mal-propre, sale; la saleté s'y est mise.

fok sere herguen.

fokto. Nom d'une espece de *pao tsee* fait de *ko pou* : il est plus court que les *pao tsee* ordinaires.

foktchihien. Aventurier. Homme qui ne sait rien faire et qui croit être en état de faire tout. Avantageux, qui fait mal ce qu'il fait.

foktchihiatambi. Se vanter. Faire quelque chose tout de travers.

fol sere herguen.

folkolombi. Se servir par intervalles de quelque chose. Vaquer par intervalles à quelque chose. Interrompre. Mettre de l'interruption à quelque affaire, etc.

folkolome kojembi. Aimer par intervalles. Interrompre de temps en temps son amitié.

folho. Nom d'une espece de marteau propre à frapper des clous; il a un côté gros, et l'autre petit. Le marteau plus gros s'appelle *taptara folho.*

fom sere herguen.

fombi. Cela se dit de la peau du visage et des mains qui devient rude et épaisse lorsqu'il fait froid. Le froid a rendu la peau rude et comme pleine d'écailles.

fou sere herguen.

fou. (Impératif de *foumbi.*) Ordonner de frotter quelque chose, de nettoyer. Le dedans de la muraille, c'est-à-dire la muraille lorsqu'on la regarde en dedans de la chambre. Muraille qui environne un jardin, une cour. Ville qui a le titre de *fou* (en tartare comme en chinois.)

fou hai. Espece de couronnement qui est au-dessus de la porte de l'appartement de l'empereur.

fou nimaha. Nom d'une espece de poisson qui ressemble à la carpe, mais qui est noir.

founiehe. Cheveux. Poils des bêtes.

FOUKA

founiehe sen. Pores par où passent les poils que l'homme a sur le corps.

founiahan. Mesure. Capacité d'un homme.

founiaha. Nom d'un ver qui s'engendre dans l'épine du dos ou dans les reins des animaux.

founiahanga. Il a de la capacité.

founiesoun. Nom d'une espece d'étoffe de laine qu'on fabrique au *Chan sy.*

founembi. Avoir la main engourdie après avoir travaillé long-temps ou avoir été dans une situation gênante.

founiehe ten tchekemou. Nom d'une espece d'étoffe de soie comme nos velours ou nos peluches.

founima. Nom d'une espece d'insecte très petit : il s'engendre dans les terres fumées. On l'appelle aussi *fountchima.*

foukanahapi. Il est plein de boutons. Il lui est venu quantité de boutons. Vessies. Boutons qui viennent.

fouka. Point. Rond qu'on fait pour séparer les phrases. Vessies ou boutons qui s'élèvent sur la chair quand on y a appliqué le feu. Boucles qui se forment sur l'eau. Vessie de cochon, etc. Ballon à jouer. Demi-lune d'une place. Petits boutons qui viennent sur le corps.

ᠪᡠᡥᠠᠯᡳ. *fouhali.* Sans doute. En vérité. Certaiement. Tout-à-fait. A la fin. Enfin.

ᠪᡠᡥᠠᠯᡳ ᡨᡠᡥᡝᡴᡝ. *fouhali touheke.* A la fin il est tombé.

ᠪᡠᡥᠠᠯᡳ ᠪᡠᡥᡝ. *fouhali pouhe.* A la fin il a tout donné.

ᠪᡠᡥᠠᠯᡳ ᠺᠠᡳᡥᠠ. *fouhali kaiha.* A la fin il a tout eu, tout reçu.

ᠪᡠᡥᠠᠴᠠᠪᡠᠮᠪᡳ. *fouhachaboumbi.* Ordonner de tourner sens-dessus-dessous quelque chose pour l'examiner scrupuleusement, de feuilleter un livre, de faire la recherche des défauts d'une chose qu'on voudroit acheter. On dit aussi ᡶᠣᡵᡥᠣᠴᠣᠪᡠᠮᠪᡳ. *forhochoboumbi.*

ᠪᡠᡥᠠᠴᠠᠮᠪᡳ. *fouhachambi.* Feuilleter un livre, l'examiner du commencement à la fin, le lire et le relire. Tourner sens-dessus-dessous quelque chose pour l'examiner. Examiner des pieds à la tête quelqu'un. Examiner scrupuleusement quelque chose qu'on veut acheter. On dit encore ᡶᠣᡵᡥᠣᠴᠣᠮᠪᡳ. *forhochombi.*

ᠪᡠᠨᡳᠶᡝᡥᡝ ᠰᠣᠯᠠᠪᡠᠮᠪᡳ. *founiehe soulaboumbi.* Cela se dit des jeunes filles qui nourrissent leurs cheveux depuis l'âge de douze ans.

ᠪᡠᠨᡳᠶᡝᡥᡝᠯᡝᠮᠪᡳ. *founiehelembi.* Cela se dit des femmes qui se tirent par les cheveux lorsqu'elles se battent.

ᠪᡠ ᡴᠣᡠᠠᡵᠠ. *fou kouara.* Nom d'une espece d'oiseau de proie de la grosse espece : il se tient dans les forêts épaisses. Il fait ses œufs à la douzieme lune.

FOUSE

ꝑꝏ́ⱶ+fꝏ. *fousembi.* Fourmiller. Il fourmille d'enfants dans cette maison. Être en grande quantité. Se remplir peu à peu d'enfants, de petits enfants, etc. Multiplier.

ꝑꝏ́ⱶ⩝ ⱶⱶⱶ+ᒡᒣ. *fouse intchehe.* Rire ou éclater de rire malgré soi, etc.

ꝑꝏ́ⱶⱶ+ᒡᒣ. *fousetchehe.* Cela se dit d'un ulcere quelconque qui a crevé et qui supure, et de quelque chose qui est foible et qui s'est percé. Lorsqu'on marche sur la glace et qu'il s'y fait des trous. Cela se dit encore des vessies ou boucles qui s'élevent sur l'eau ou telle autre liqueur, et qui crevent. C'est le prétérit de *fousetchembi*, ꝑꝏ́ⱶⱶ+fꝏ..

ꝑꝏ́ⱶ⩝. *fousen.* Cela se dit des animaux qui peuplent peu à peu et deviennent très nombreux.

ꝑꝏ́ⱶx+fꝏ. *fouserembi.* Border un habit, un collet, etc.; y mettre une bordure de peau, etc.

ꝑꝏ́ⱶx+ꝋ́+fꝏ. *fousereboumbi.* Ordonner de mettre une bordure de peau à un habit, de le border, etc.

ꝑꝏ́ⱶ+ᑎfꝏ. *fousekepi.* Ces animaux se sont fort multipliés, ont peuplé, etc.

ꝑꝏ́ⱶ⩝+fꝏ. *fouselembi.* Cela se dit des ouvertures qui se font à la peau, par lesquelles il sort du pus, du sang, etc.

ꝑꝏ́ⱶ+ꝋ́+fꝏ. *fousemboumbi.* Faire peupler des animaux.

ꝑꝏ́ⱶ+ꝏ. *fouseli.* Nom d'une espece de poisson qui

ressemble à celui qu'on appelle *koun yu* en chinois ; il est d'un feu brillant : il a environ une brasse de long. Sa chair n'est pas bonne à manger ; elle fait revivre les anciennes maladies. Ses œufs sont un remede contre les maux d'yeux.

fouserehe mahala. Calotte qui a une bordure. Petit bonnet. On l'appelle également *torhikou mahala.*

fouje. Ordonner de raser. Ne pouvoir souffrir quelqu'un ; en dire du mal. Râcler le poil de dessus quelque peau que ce soit. (Impératif du verbe suiv.)

foujembi. Râcler le poil. Raser, râcler, ou égaliser avec un petit couteau les brins des plumes qu'on colle au bois des fleches.

foujeboumbi. Ordonner de raser, de râcler. Être rasé.

fouje paharahou. Cela se dit des femmes enceintes qui n'osent se moquer de qui que ce soit, ni voir quelque chose de mauvais, de peur que leur fruit ne s'en ressente, et ne ressemble ou à ce dont elles se sont moquées, ou à ce qu'elles ont vu.

foujehoun. Méprisable, vil, bas, abject. Voir en bas. Bas, etc.

foujehouchambi. Humilier quelqu'un, le rendre comme vil et méprisable. Mépriser.

foujehouchaboumbi. Être méprisé.

foujelareou. Injure qu'on dit à quelqu'un en l'appellant pelé. Qui n'a point de poil. On dit encore ⸺. *fouje pahafi pantchihangue.*

foujehoulambi. Voir quelqu'un du haut en bas. Mépriser, etc.

foujehoulaboumbi. Être regardé du haut en bas par quelqu'un. Être méprisé.

foubou. Ordonner de nettoyer quelque chose, de frotter. (Impératif de ⸺. *fouboumbi.*)

fouboumbi. Ordonner de frotter, de nettoyer quelque chose.

fousou. Ordonner d'arroser avec de l'eau le plancher ou le pavé qu'on veut balayer. (Impératif du verbe suivant.)

fousoumbi. Arroser, jeter de l'eau sur quelque chose avec la bouche.

fousouboumbi. Ordonner d'arroser, de jeter de l'eau sur quelque chose.

fousoure tampin. Arrosoir.

fousou fasa. Tantôt ceci, tantôt cela; comme lorsqu'on est troublé, et que l'on prend tantôt une chose, tantôt une autre.

fousoure sere poihoun. Terre foible. Terre molle.

fousour seme. Cela se dit des choses qu'on mange, comme de la viande, etc., et qui se mâchent aisément. On dit alors ⵞⵞⵞ ⵞⵞⵞ ⵞⵞⵞ. *fou sour seme ouhouhen*. Cheval qui a le galop fort doux et uni. Alors on dit ⵞⵞⵞ ⵞⵞⵞ ⵞⵞⵞ, *fousour seme netchin*.

ⵞⵞⵞ. *fouta*. Corde.

ⵞⵞⵞ. *foutahi*. Race d'esclave.

ⵞⵞⵞ ⵞⵞⵞ. *fouta fekoutchembi*. Sauter par dessus une corde lorsqu'on la fait tourner.

ⵞⵞⵞ. *foutalambi*. Mesurer un chemin, un champ. Arpenter avec une corde.

ⵞⵞⵞ. *foutalaboumbi*. Ordonner de mesurer avec une corde un champ, un chemin, etc.

ⵞⵞⵞ. *foutaran*. Rebellion. Révolte. Rebelle. Révolté. Fils ou fille qui n'a pas pour son pere ou sa mere le respect qui leur est dû. Qui que ce soit qui ne se conduit pas suivant les regles de la subordination.

ⵞⵞⵞ. *foutambi*. Vomir, rejeter.

ⵞⵞⵞ. *foutache*. Révolté. Rebelle.

ⵞⵞⵞ. *foutarambi*. Être rebelle à ses parents, à ses supérieurs. Manquer à ses devoirs, à ses obligations. Ne pas vouloir faire selon la droiture et l'équité. Avoir les cheveux à rebours.

ⵞⵞⵞ. *foutarakapi*. Les poils ou les cheveux sont à contre-sens, à rebours.

ⵞⵞⵞ. *fontajehoun*. Révolte. Rebellion. Esprit de discorde, de contradiction, etc.

ⵞⵞⵞ ⵞⵞⵞ. *foutache halai*. Faire à l'opposé de

tous les autres, contre le sentiment commun. Être toujours opposé aux autres.

꣸꣸꣸. *foute*. Ordonner de conduire, d'accompagner l'hôte. (Impératif de ꣸꣸꣸꣸꣸. *foutembi*.)

꣸꣸꣸꣸꣸꣸꣸꣸꣸꣸. *foutajehoulahapi*. Il est devenu fou. Il a perdu la tête. C'est une maladie par laquelle on devient fou pour quelque temps. C'est le prétérit de ꣸꣸꣸꣸꣸꣸꣸꣸꣸꣸. *foutajehoulambi*.

꣸꣸꣸꣸꣸꣸꣸. *fouteboumbi*. Ordonner de conduire, d'accompagner l'hôte.

꣸꣸꣸꣸꣸. *foutembi*. Conduire, accompagner la nouvelle mariée où son trousseau dans la maison du mari.

꣸꣸꣸꣸꣸꣸. *foutenembi*. Aller accompagner.

꣸꣸꣸꣸ ꣸꣸꣸꣸. *foutehe tchaka*. Choses qu'on conduit ou qu'on accompagne.

꣸꣸꣸꣸꣸꣸꣸. *foutentchimbi*. Venir accompagner. Venir conduire.

꣸꣸꣸꣸꣸ ꣸꣸꣸꣸. *foutechere saman*. Enchanteur ou jongleur qui conjure l'esprit des tigres.

꣸꣸꣸꣸꣸꣸. *foutechembi*. Conjurer l'esprit tigre dans les maladies épidémiques. Faire dans les villages certaines superstitions pour guérir les maladies.

꣸꣸꣸꣸꣸꣸꣸. *foutetchehepi*. L'habit s'est décousu. C'est le prétérit de ꣸꣸꣸꣸꣸꣸꣸. *foutetchembi*. Quelque chose qui se décout.

꣸꣸꣸꣸꣸꣸꣸꣸. *fouteleboumbi*. Ordonner de découdre quelque chose.

◌. *foutelembi.* Découdre un habit ou quelque chose qui étoit cousu auparavant.

◌. *foulana.* Nom d'une espece de fruit qu'on appelle aussi ◌. *oulana*, et ◌. *mamoukia.*

◌. *foulata.* Qui a le bord des yeux rouge. Qui a les yeux bordés d'anchois, comme dit le proverbe.

◌ ◌. *foulahoun yatambi.* Qui n'a ni feu ni lieu. Qui mene une vie très pauvre.

◌. *foulahoun.* Nom d'un des douze *kan* des Chinois; c'est le quatrieme. Nud. Qui n'a rien sur le corps. Lieu où il n'y a rien. Net, où il n'y a pas un brin d'herbe. Rouge foible. Lorsqu'il ne reste rien d'un repas, qu'on a tout mangé. Net; qui n'a plus rien, ni effets, ni argent, ni domestiques.

◌. *foulahoukan.* Qui est un peu rouge-clair.

◌. *foulahouri.* Qui n'est que rouge.

◌. *foulabourou.* Violet. Bleu mêlé de rouge.

◌. *foulartchambi.* Cela se dit des couleurs qui ont un brillant rouge.

◌. *foulaktchan.* Étui de briquet, dans lequel on met le briquet, l'amadou, les pierres, etc. On dit encore ◌. *foulatchan.*

◌. *foularakapi.* Il est devenu rouge. Rougir peu à peu. La rougeur lui a monté au visage. C'est le prétérit de ◌. *foularambi.*

𐒴𐒴. *foulan.* Cheval dont la couleur est entre le noir et le bleu, depuis la tête jusqu'à la queue. On l'appelle encore 𐒴𐒴 𐒴𐒴, *foulan morin.* Nom d'un oiseau aquatique.

𐒴𐒴. *foulehe.* Racines des arbres, des plantes, des herbes, etc.

𐒴𐒴 𐒴𐒴, *foulehe soualiame.* Avec la racine. Arracher avec la racine.

𐒴𐒴 𐒴𐒴. *foulata nijeha.* Nom d'une espece de poisson qui ressemble à celui qu'on appelle *changuien nijeha*, 𐒴𐒴 𐒴𐒴..

𐒴𐒴. *foulehoun.* Homme qui donne des marques d'amitié et de tendresse à quelqu'un, qui le comble de bienfaits.

𐒴𐒴. *foulengui.* Cendres; ce qui reste après que le bois est consumé; terre qui reste après que le charbon de pierre est consumé.

𐒴𐒴 𐒴𐒴. *foulengui niantchiha.* Herbes naissantes, qui poussent au printemps.

𐒴𐒴 𐒴𐒴. *foulengui potcho.* Couleur de cendres.

𐒴𐒴. *fouli.* Tranches de viandes desséchées au soleil ou au feu.

𐒴𐒴. *fouliboumbi.* Qui commence à prendre sa forme; comme un poulet dans un œuf couvé pendant quelques jours, etc.

𐒴𐒴. *foulibourakou.* Lorsqu'on ne sauroit

plus parler ni crier à force de pleurer et de sanglotter. Qui ne sauroit dire un seul mot à cause de la véhémence de sa colere.

foulinga. Cela se dit de ceux que le ciel favorise de ses dons. C'est un éloge qu'on donne. Arrêt du sort. Ordre du ciel.

fouliambi. Épargner quelqu'un, ne pas lui faire les reproches qu'il mérite; unir un manche de fleche en râclant les endroits trop élevés, et en collant des morceaux de bois dans les creux.

foulou. Étui de peau ou de linge qu'on met aux doigts lorsqu'on s'est coupé, par exemple. Beaucoup. Qui surpasse. Qui est grand. Plus, etc.

foulou len. Qui surpasse les autres.

fouloukan. Un peu plus. Qui surpasse un peu, etc.

fouloungue. D'un peu trop. Du trop.

foulou tchekou. Abondance de grains.

foumerembi. Être tout sens-dessus-dessous, pêle-mêle dans un même lieu.

foumereboumbi. Faire mettre tout sens-dessus-dessous, pêle-mêle.

foutcheboumbi. Faire mettre en colere. Ordonner de se fâcher.

foumereme afambi. Être dans le plus fort de la mêlée, dans un combat. Combattre pêle-mêle. On dit encore *kouthoume afambi.*

foutchembi. Avoir la physionomie colere. Montrer sur son visage la colere dont on est animé lorsqu'on veut quereller quelqu'un.

fouhieboumbi. Ordonner de se fâcher.

foutchendoumbi. Se mettre mutuellement en colere. Se fâcher. On dit encore ⲫⲟⲩⲧⲭⲉⲛⲟⲩⲙⲃⲓ. *foutchenoumbi.*

foutchihiambi. Tousser.

foutchihialambi. Brûler les poils qui restent sur la peau des moutons, des cochons, etc. Griller le poil qui reste sur la peau. Après avoir râclé les manches des flecles, les mettre sur le feu pour les redresser lorsqu'ils sont tors.

foutchihiala. Ordonner de rissoler, de griller sur le feu. (Impératif de ⲫⲟⲩⲧⲭⲓϩⲓⲁⲗⲁⲙⲃⲓ. *foutchihialambi.*)

foutchihi. Fo, divinité des païens. Le *Pou sa* des Chinois se nomme ⲡⲟⲧⲓⲥⲁⲧⲟⲩ. *potisatou* en Mantchou.

foutchin. Femmes de l'empereur, etc.

foutchihialaboumbi. Ordonner de rissoler, de griller, de faire griller, de faire brûler. Être grillé, rissolé, etc.

foutchou fatcha. En chuchottant ; comme lorsqu'on dit quelque chose très bas pour que d'autres ne l'entendent pas.

foutchouri amban. Grand qui a une charge qui lui vient de ses ancêtres, et qu'il transmettra à ses descendants.

foutchouroula. Ordonner de s'informer.

foutchourakou. Contre les loix, les mœurs ou la bienséance. Sans égards pour la bienséance, pour l'honnêteté ou la raison, ou pour la justice.

foutchouroulaboumbi. Ordonner de s'informer.

foutchourounga. Qui suit en tout la raison, la droiture, l'équité, les bonnes mœurs, etc.

foutchourounga yangsanga. Qui a l'air, la contenance et les manieres très polies et très belles.

foutchouroulambi. S'informer. Examiner avec une grande attention. Chercher par-tout pour savoir quelque chose.

fouiambi. Avoir mal au cœur; comme en voyant une personne mal-propre, etc. Avoir des envies de vomir sans pouvoir le faire.

fouiakiambi. Avoir mal au cœur. Avoir des nausées sans pouvoir vomir.

fouie. Ordonner de faire bouillir. Ordonner de râcler la peau des bêtes qu'on a tuées. (Impératif de *fouiembi.*)

fouieboumbi. Ordonner de faire bouillir de l'eau sur le feu, de faire râcler avec un couteau la peau des bêtes.

fouiembi. Bouillir ; comme l'eau, etc., quand elle est sur le feu. Râcler la peau, etc. Verser par des bouillons trop violents. Peler un animal se dit ᔐᐎᑎᖅᓂ. *kolambi.*

ᒉᐅᔨᖑᔪᖅᓂ, *fouiendoumbi.* Lorsqu'on râcle en commun la peau des animaux, etc. On dit de même ᒉᐅᔨᖅᓂ. *fouienoumbi.*

ᒉᐅᐦ. *fouhen.* Moisissures qui viennent sur les choses avant qu'elles pourrissent. Nom d'une espèce d'herbe dont on fait du papier et qu'on peut allumer aisément.

ᒉᐅᑦᑎᖅ ᐅᖅᓂ. *fouhechekou orho.* Nom d'une espèce de plante qu'on appelle aussi ᓱᖅᓂ. *soukou.*

ᒉᐅᑦᑎᖅᓂ. *fouhechembi.* Se vautrer. Cela se dit des hommes et des bêtes. Cela se dit encore des bois, des pierres, etc., qu'on fait rouler.

ᒉᐅᑦᑎᐅᖅᓂ. *fouhecheboumbi.* Ordonner de se vautrer, de faire la cabriole.

ᒉᐅᒋᐦ. *foutchisa.* Femmes de l'empereur. (Pluriel de ᒉᐅᒋ. *foutchin.*)

ᒉᐅᑦᑎᖅ ᓯᑎᖅᓂ. *fouhecheme intchembi.* Rire à ventre déboutonné, jusqu'à se vautrer.

ᒉᐅᑦᑎᐅᖅ ᓯᑎᐦᓂ ᔐᐅᓱᑎᖅᓂ. *fouhecheboume paksalame hoaitambi.* Lier en forme de rouleau.

ᒉᐅᖅ. *fouhou.* Especes d'écailles qui sont sur le corps des crapauds. Boutons, dartres. Lepre.

ᒉᐅᖅ ᓂᔐᐦ. *fouhou pantchiha.* Il lui est venu des dartres.

ᒉᐅᔨᑎᖅᓂ. *fourihapi.* Il est perdu de vin, par le vin.

ᒉᐅᖅᐦ. *fouhoun.* Colere qui paroît au dehors par la

couleur du visage, qui se manifeste malgré nous.

ᴄᴀʀ. *fourimbi.* Plonger dans l'eau, comme ceux qui vont à la pêche des perles, etc.

ᴄᴀʀ. *fouroumbi.* Hacher de la viande, la couper en petits morceaux. Hacher quelque chose que ce soit.

ᴄᴀʀ. *fourouboumbi.* Faire hacher de la viande, du tabac, ou telle autre chose, etc.

ᴄᴀʀ. *fourou.* Aphthes, especes d'ulceres qui viennent dans la bouche. Mouvement de colere. Petites tiges qui viennent sur les branches. Mouvement d'indignation, ou colere subite qui s'enflamme pour rien. Nœuds qui viennent sur les arbres. Ordonner de hacher du tabac, de la viande, ou telle autre chose.

ᴄᴀʀ. *fourounahapi.* Il a des ulceres à la bouche.

ᴄᴀʀ. *fouroutambi.* Se mettre en colere contre quelqu'un. Se quereller.

ᴄᴀʀ. *fourounoumbi.* Lorsque le commun hache de la viande.

ᴄᴀʀ. *fou fa seme.* Cela se dit des malades qui sont oppressés par l'ardeur de la fievre. Avoir l'ardeur de la fievre, et la respiration et les battements de pouls inégaux. Être dans des inquiétudes.

ᴄᴀʀ. *fou fa seme faihatchambi.* Cette phrase a le même sens que la précédente.

ᴄᴀʀ. *foufoumbi.* Scier.

foufouboumbi. Ordonner de scier.

foufoutambi. S'impatienter. Donner des marques d'impatience.

foufoun. Scie à scier du bois, etc.

fouhiembi. Montrer sur son visage qu'on est en colere contre quelqu'un. On dit aussi *foutchembi.*

foularilambi. Étinceler. Tirer des étincelles de feu en battant le briquet, par exemple. Faire des éclairs.

fouta mishan. Mesure, équerre, regle. Nom général d'un instrument propre à savoir si une chose est bien ou non.

fouhali herserakou. Il ne fait aucune attention à ce qu'il faut, il ne s'en embarrasse pas.

foui sere herguen.

fouifou. Ordonner de faire bouillir. (Impératif du verbe suivant.)

fouifoumbi. Faire bouillir du sel, du thé, une médecine, de l'huile, etc.

fouifouboumbi. Ordonner de faire bouillir du sel, etc., de faire du bouillon.

four sere herguen.

fourna. Esclave de la deuxieme génération.

four seme saikan. Couleur propre, belle. Tout ce qui fait plaisir à voir.

four seme toutchike. Cela se dit de la transpiration, ou d'une petite sueur qui sort doucement.

foursoun. Esquilles qui restent après qu'on a scié du bois.

foursoun sain. Tout lui vient en abondance. Tout prospere chez lui.

fourdan. Péage, lieu où l'on doit passer. Branche d'un arbre qui vient en travers. Tête d'un bouton, d'un furoncle. Blessure. Cicatrice. Cicatrice qui reste après la saignée, par exemple. On dit aussi *feie fourdan*, et *feie*, simplement.

fourdan kamni. Passage étroit. Défilé.

fourtehe. Duvet qui est sous les gros poils. Nom général des peaux qui ont le poil fin.

fourtehe sovoro. Couverture de selle qui est de peau.

fourguin. Flux de mer. Marée. Amer.

fourgui. Espece de digue qu'on met pour détourner le courant d'une riviere et pour faire aller l'eau ailleurs. Paquet d'herbes qu'on lie au bout de la perche qu'on met lorsqu'on sacrifie aux esprits. (*hiase.*)

four seme. Brûlant comme le vent d'été.

FOUN

Continuellement; ou, pour mieux dire, habituellement.

fourguimbi. Être amer. Faire une fomentation à quelqu'un qui auroit pris du froid et qui auroit quelque sciatique, etc.

fourtehe kouroume. Koa tsee de peau.

fourguiboumbi. Ordonner de faire une fomentation avec du vin, du sel, du miel, etc., sur une partie qui auroit été gelée ou dérangée. S'amonceler. Cela se dit des amas de poussiere qui se font quelque part lorsqu'il fait grand vent.

fourfoun farfan. Cela se dit de ceux qui pleurent beaucoup à la mort de quelqu'un, par exemple, et dont le nez, les yeux, la bouche coulent, et les empêchent de parler, etc. On dit de même *pourboun parban*, ou *firfin fiarfin.*

foun sere herguen.

foun. (Fen en chin.) Nom d'une mesure chinoise; c'est la centieme partie d'une once. Espece de fard blanc que les femmes mettent sur leur visage.

foun peie. Qui a les mêmes inclinations qu'un autre.

fountanaha. Cela s'est gâté, s'est moisi. On dit aussi *fountanahapi.*

fountan. Moisissure qui se forme sur les choses qui commencent à se gâter.

founde. Qui tient la place d'un autre.

founde oueilembi. Faire quelque chose à la place d'un autre.

founde pochokou. Nom d'un petit mandarinat. C'est aussi le nom d'un officier de troupes.

fountehoun. Qui n'a presque rien chez soi. Qui a une maison vuide. Cela se dit aussi du soleil lorsqu'il est embrumé, qu'il n'est pas bien clair; ou bien encore des couleurs qui sont ternies. Silence.

fountou. Corne du cerf lorsqu'elle commence à croître et qu'elle ressemble à de la laine.

fountoumbi. Enfoncer les bataillons ennemis. Aller contre la pointe des ennemis, contre la pluie. Passer une riviere à la nage.

fountourambi. Cela se dit des cochons, des sangliers, etc., qui, avec leur groin ou museau, fouillent dans la terre.

fountourchambi. Cela se dit des sangliers et cochons qui fouillent la terre avec leur groin.

founde orolohakou. Qui n'a personne pour mettre à sa place. Qui fait lui-même son emploi.

fountouhou. Lucarne qu'on fait à la muraille du nord. Petite fenêtre. Quelque lieu aux environs duquel il y a des grains, et qui est stérile. Percé à jour, comme les ornements en bois, ou en pierre, etc. Trou qui se fait à la longue aux murailles, etc. Trou. Vuide. Vuide entre deux dents, comme lorsqu'il en manque une.

fountchen. Qui est de reste.

fountouhoulembi. Travailler en vain. Faire en vain, inutilement, etc. Porter un *tsing tsee* de parade. Manquer à son service lorsqu'il faut monter la garde et qu'on ne la monte point.

fountchen tapan. Superflu abondant. Restes abondants.

fountchembi. Être de reste. Être superflu.

fountchetele. Jusqu'au superflu. Quelque chose qui est de reste, qui est superflu.

fountcheboumbi. Ordonner de laisser du superflu.

fountchima. Nom d'une espece d'insecte qui vient sur le fumier; il ressemble à un moucheron. On l'appelle aussi *founima.*

founfoulambi. Avertir de faire quelque chose. Faire préparer d'avance. Ordonner de préparer.

foung sere herguen.

foungne. Ordonner de faire un mandarin. (Impératif du verbe suivant.)

foungnembi. Créer un mandarin, un comte, etc.

foungneboumbi. Être créé mandarin, etc.

foungnehen. Création d'un mandarinat, d'une charge. Ordonnance par laquelle on crée un mandarin, etc.

foungala. Plumes. Plumes que certains mandarins portent pendues à leurs bonnets.

foungaha. Plumes, duvet. On dit aussi *foungala.*

foungkou. Esquille de bois qui reste après qu'on a scié.

foungsé. Fleur de farine, ou amidon, etc.

foungsan. Homme qui n'a ni feu ni lieu, extrêmement misérable. On dit alors *foungsan yatahoun,* .. Petits os qui sont sur le croupion des oiseaux.

founghoang, (*foung hoang* en chin.) Phénix, oiseau de très bon présage ; il ressemble en devant à une oie, par derriere au *ki lin :* il a le cou d'un serpent, la queue d'un poisson, les couleurs du dragon sur son corps, le dos d'une tortue, le jabot d'une oie ordinaire, le bec d'un coq. Il est haut de plus de six pieds : il est de toutes les couleurs, se nourrit de la moëlle de bamboux. Il n'y a qu'une espece d'arbre où il fait sa demeure. Il ne boit que l'eau que le soleil fait élever en vapeurs. Lorsqu'il vole, tous les autres oiseaux l'accompagnent. On l'appelle aussi *keroutei.*

foungsan yatahoun. Très pauvre. Qui n'a rien du tout. Injure qu'on dit à quelqu'un; comme si on lui disoit : Vilain puant.

foungchoun. Puanteur.

founglou. Rétribution ou appointements des officiers, magistrats, etc.

foungke. Fourmillement; comme lorsqu'on a le pied engourdi, etc.

foungkepi. Le pied ou la main est engourdi.

foungkou. Mouchoir. Essuie-main. Mouchoir qu'on met à la ceinture et qui n'a point de frange.

foungkin. Cochon qu'on mange à la onzieme lune. C'est un vieux cochon ou un vieux sanglier qu'on tue, et dont on brûle les poils ; après quoi on le fait cuire et on le mange.

fouk sere herguen.

fouktala. Nom d'une plante sauvage dont la racine mise en farine est bonne à faire une espece de vermicelle. Plante médicinale.

fouktetchembi. Cela se dit des ulceres qui, étant sur le point de se guérir, se rouvrent de nouveau, et deviennent plus dangereux.

fouktchin. Fondation d'un royaume, d'une famille. Principe, commencement, origine.

foukterembi. Retomber dans une maladie. Récidiver, etc.

fouktesouhou. Nom des instruments faits avec les nœuds des arbres. On dit aussi *fortchin*, et *mouchouhou.*

fous sere herguen.

foushaha. Cela se dit lorsqu'au jeu de l'osselet on a tout gagné. (*yongsoho.*)

foushekou. Éventail à faire du vent.

foushembi. S'éventer. Faire du vent avec un éventail.

foushehe pongou. Coton qui n'est pas encore filé.

foushou. Nœud qui vient aux branches ou au tronc des arbres. On l'appelle encore *ipte,* et *mouchouhou.* Fourneau. Foyer.

foushoumbi. Cela se dit des fleurs qui sont entièrement ouvertes, et des fusées ou serpentaux qui, après s'être élevés, crevent.

foushou kourtchen. Nom d'une espece d'insecte.

foushou nahan. La partie du *kang* ou lit chinois qui est près du foyer ou du côté du feu.

fousheboumbi. Ordonner d'éventer, de faire du vent avec un éventail.

foushouboumbi. Cela se dit des fusées, serpentaux qui s'élevent. Alors on dit *foushouboume chendambi.*

foul sere herguen.

foulha. Nom d'un arbre qui est de deux especes ; le blanc a les feuilles petites ; le verd les a grandes. Avec le bois de cet arbre on fait des bois de fleche. Peuplier.

foulhaha. Pus qui sort des plaies, des ulceres, etc.

foulhambi. Lorsque le pus sort d'une plaie, etc.

foulhou. Sac où l'on met le bled, le riz, etc.

fouldoun. Amas d'herbes qui croissent dans un même lieu. Pépiniere.

fouldoun fouldoun. Par paquets. Par amas. Par pelotons.

foulmin. Paquet d'herbe. Botte de foin, etc. Poignée.

foulmiembi. Lier par paquets, par monceaux.

foulmieboumbi. Faire lier par paquets.

foultchin. Os de la joue.

foulguie. Ordonner de souffler dans un instrument de musique, de frapper sur un instrument. (Impératif de *foulguiembi.*)

foulguieboumbi. Ordonner de siffler, de jouer d'un instrument.

foulguien. Nom d'un *kan* chinois; c'est le troisieme rouge.

foulguiembi. Jouer d'un instrument à vent. Souffler le feu. Faire du vent avec la bouche, etc.

foulguien kiu. Petit enfant. Enfant à la mammelle.

foulguien hafouka. Petits boutons qui viennent sur le corps et qui sont comme des grains de millet.

foulguien alan. Écorce de *hoa pi* qui n'est pas encore seche. On l'appelle aussi *tchalfa.*

foulguien foulan. Cheval entre le rouge et le violet.

foulguien sourou. Nom d'un cheval dont le fond est blanc, et qui a des poils rouges.

foulguien moursa. Rave rouge.

foulguien tchyo ping. Nom d'une espece de pâtisserie faite avec du sucre, de la farine, du jus du fruit d'épine vinette, etc.

༄༅༎. *foulguientchaise.* Nom d'une espece de pâtisserie faite avec de la farine et du miel qu'on fait bouillir dans l'huile.

༄༅༎. *foulguien oumiesoun.* Ceinture rouge. Ce sont ceux qui descendent du sixieme ancêtre de l'empereur fondateur de la dynastie régnante, qui portent cette ceinture.

༄༅༎. *foulguien sisa.* Petit haricot rouge.

༄༅༎. *foulguien toje.* Nom de l'espece de crête qu'ont les cicognes.

༄༅༎. *foulguien selbede.* Nom d'une plante sauvage dont l'espece blanche s'appelle ༄༅. *maker,* et l'espece rouge ༄༅. *mongou setou.*

༄༅༎. *foulguientchi.* Nom de la peau des tigres lorsqu'en été elle a le poil court.

༄༅༎. *foulguien ihan.* Bœuf rouge.

༄༅༎. *foulhouren.* Commencement d'une affaire. Herbe ou arbre qui commence à pousser. Rejeton, etc.

༄༅༎. *foulhourembi.* Herbe, plante ou arbre qui commence à pousser. Grain dont le germe est hors de terre et commence à pousser. Enfant qui croît. On dit au prétérit ༄༅༎. *foulhourekepi.*

༄༅༎. *foum sere herguen.*

༄༅༎. *foumbi.* Engourdi. Cela se dit de la main, des pieds qui fourmillent lorsqu'on a resté long-temps dans la même situation. Frotter, nettoyer.

༄༅༎. *foumbi.* Fourmiller. Avoir le corps ou la main privé de sentiment.

OUA

sere herguen.

oua. Odeur. Ordonner de tuer. (Impératif de *ouambi*.)

oua ehe. Mauvaise odeur. Odeur de gousset.

oua ousoun. Odeur insupportable.

ouaka. Non. Ce n'est pas cela.

ouaka paha. Il a fait une faute. Il est en faute.

ouaka ouakai. En désordre. Tout de travers. A tort et à travers. On dit aussi *palai palai.*

ouaka ouakai kisourembi. Parler à tort et à travers.

ouaka ouakai arbouchambi. Agir à tort et à travers.

ouakachambi. Faire mal quelque chose. Faire une faute. Mettre une faute sur le compte de quelqu'un. Reprocher une faute. On dit également *ouakalambi.*

ouakalambi. Accuser quelqu'un d'une faute qu'il a commise. Dire les fautes de quelqu'un, etc.

ouakachaboumbi. Ordonner d'accuser quelqu'un. On dit aussi ⸻, *oua'kalaboumbi*.

⸻. *ouakalan*. Accusation d'une faute. Accusation, etc.

⸻. *ouakalaboumbi*. Ordonner d'accuser. Être accusé. Mettre une faute sur le compte de quelqu'un. Être mis en faute.

⸻. *ouakala*. Ordonner d'accuser. (Impératif de ⸻. *ouakalambi*.)

⸻. *ouaha*. Il a tué avec une épée, une arme, etc.

⸻ ⸻. *ouaha setehe*. Pendard. Qui mérite d'être tué. Injure qu'on dit à quelqu'un. On dit aussi ⸻. *setehengue*.

⸻. *ouakan*. Nom d'un oiseau aquatique qui ressemble à celui qu'on appelle *pe lou* en chinois; son corps est petit, son cou long et courbé; sa couleur est jaunâtre.

⸻. *ouahan*. Le dedans de la corne du cheval. Nom d'une espece de manche des *pao tsee*, qui ont la forme d'une corne de pied de cheval.

⸻ ⸻. *ouahan tabaha*. Corne de pied de cheval qui est fendue, etc.

⸻. *ouahoun*. Mauvaise odeur. Puanteur.

⸻ ⸻ ⸻. *ouahan tchoue fintehe*. Fissipede. Pied fourchu, comme celui des bœufs, des moutons, etc.

⸻ ⸻. *ouahoun oumiaha*. Punaise,

insecte qui vient sur les chauves-souris et dans les lieux mal-propres : il pique les hommes pour sucer le sang, et sa piquûre excite des démangeaisons. Cet insecte craint l'odeur de la chair de mouton, et de ceux qui en mangent habituellement.

𑀀. *ouahoun yasa*. Marques sans poils que les chevaux ont aux jambes de devant. On les appelle en chinois, Yeux de la nuit.

𑀀. *ouahounta*. Odeur d'ail sauvage.

𑀀. *ouakeou*. Cela n'est-il pas ?

𑀀. *ouahoun nicharhan*. Ulcere qui vient dans le gosier.

𑀀. *ouahai*. Depuis cet endroit. Très, superlatif. On dit également 𑀀. *oumeche*.

𑀀. *ouaboumbi*. Être tué. Etre assassiné.

𑀀. *ouabourou*. Injure ; comme si l'on disoit : Pendard, etc.

𑀀. *oua sain*. Bonne odeur.

𑀀. *ouase*. Tuile. Bas, qu'on appelle en chinois *oua tsee*. Toit.

𑀀. *ouase po*. Maison qui a un toit.

𑀀. *ouaselambi*. Mettre un toit. Faire un toit de tuiles.

𑀀. *ouaselaboumbi*. Faire couvrir une maison avec des tuiles.

𑀀. *ouajembi*. Maigrir. Cela se dit des bêtes. Diminuer de prix, en parlant des marchandises. Maigrir. Cela se dit aussi des hommes. Tomber, etc. Descendre.

⟨⟩. *ouajeka.* Cet homme, cette bête a maigri. Ce commerce est tombé. Cette marchandise a diminué de prix. Cela est tombé de haut en bas, etc.

⟨⟩. *ouajeha.* Serres des oiseaux. Pointes de leurs harpons.

⟨⟩. *ouajefi kenguehoun oho.* La couleur de cet homme s'est évanouie. Sa substance s'est presque toute dissipée.

⟨⟩. *ouajintchimbi.* Venir en bas.

⟨⟩. *ouajehoun.* En bas. Bas, endroit inférieur, comme le côté de l'ouest.

⟨⟩. *ouajehoun ni hontoho.* Du 22 de la lune jusqu'au dernier. Ils se servent de cette expression pour dire les derniers jours de la lune, depuis le 22 jusqu'au 29 ou au 30.

⟨⟩. *ouajehalambi.* Gratter. Prendre avec les ongles. Râcler avec les ongles. Cela se dit aussi des animaux qui grattent.

⟨⟩. *ouajehalaboumbi.* Ordonner de gratter, de râcler avec les ongles, etc.

⟨⟩. *ouachambi.* Se gratter. Cela se dit des hommes qui se grattent, etc.

⟨⟩. *ouajehachambi.* Cela se dit des animaux qui grattent la terre. Cela se dit aussi des hommes qui, en se battant, s'égratignent.

⟨⟩. *ouajemboumbi.* Cela se dit des ordres qui émanent de l'empereur. Faire descendre. Abaisser un mandarin, par exemple.

ᡠᠸᠠᠴᠠᡴᡡ, *ouachakou*. Nom d'un instrument qui sert aux tanneurs pour racler la peau.

ᡠᠸᠠᠴᠠᡴᡨᠠ ᡦᡠᡵᡥᠠ, *ouachakta pourha*. Nom d'une espece d'arbre dont le tronc est de l'épaisseur d'un pouce : il est rouge; ses feuilles sont aussi longues mais plus larges que les feuilles de saule.

ᡠᠸᠠᡨᠠᡳ. *ouatai*. Jusqu'à se faire tuer. Jusqu'à la mort.

ᡠᠸᠠᡨᠠᡳ ᡨᠠᠨᡩᠠᡥᠠ, *ouatai tandaha*. Il l'a battu jusqu'à la mort. On dit aussi ᡶᡳᠶᠠᡵᠠᡨᠠᠯᠠ ᡨᠠᠨᡩᠠᡥᠠ, *fiaratala tandaha*.

ᡠᠸᠠᡨᠠᠩᡤᠠ, *ouatanga*. Hameçon à prendre les poissons.

ᡠᠸᠠᡨᠠᠨ, *ouatan*. Autre hameçon à prendre les poissons; il a une pointe recourbée sous la pointe principale.

ᡠᠸᠠᡨᠠᠩᡤᠠ ᡴᡳᡨᠠ, *ouatanga kita*. Espece de pique dont le fer est recourbé en hameçon.

ᡠᠸᠠᡨᠠᠮᠪᡳ, *ouatambi*. Lâcher les chiens pour donner la chasse au gibier.

ᡠᠸᠠᡨᠠᠪᠣᡠᠮᠪᡳ, *ouataboumbi*. Ordonner de lâcher les chiens pour donner la chasse au gibier.

ᡠᠸᠠᡨᠠᠨᠠᡥᠠᠪᡳ, *ouatanahapi*. Cela se dit des chevaux, etc., qui ont le flanc très large de graisse ou autrement.

ᡠᠸᠠᠯᠠ, *ouala*. La place inférieure chez les Mantchoux : c'est l'est, le côté de l'ouest.

ᡠᠸᠠᡨᠠᠨ, *ouatan*. Banderole, banniere. C'est seulement la soie ou la toile, sans parler du bâton. Couverture d'une chaise, d'une charrette. Une enveloppe. Un *pao fou* sans doublure. Couverture sans doublure.

oua toutchike yatarangue. Cela se dit des martres et autres animaux qui pètent et répandent une mauvaise odeur lorsqu'ils sont poursuivis ou qu'ils ont peur.

ouali. Tour d'adresse. Faire des tours d'adresse, se dit *ouali efimbi.*

oualia. Ordonner de rebuter, de rejeter, d'ôter les immondices, de jeter. (Impératif de *oualiambi.*)

ouali mama. C'est le nom d'un torchon de toile qu'on pend derriere la porte, et qu'on montre aux viandes cuites avant que de les manger.

oualiambi. Jeter, rebuter une chose inutile. Laisser. Ne vouloir pas. Faire les cérémonies à la sépulture. Rejeter ce qu'on mange et ce qu'on boit lorsqu'on ne sauroit l'avaler.

oualiatai. Jusqu'à l'extrémité. Jusqu'au dernier soupir. Jusqu'à la mort. S'exposer à la mort sans crainte.

oualiaha. Cela suffit. Cela est fini. On dit communément *palia.*

oualiame kamambi. Interroger jusqu'au bout un criminel sans faire mention du crime; ou bien l'interroger par maniere d'acquit, afin de ne pas le trouver en faute.

OUATCHI

oualiaha oujen. Portion de terre où il n'y a rien. Terre en friche.

oualiaboumbi. Ordonner de rebuter, de laisser, de jeter une chose inutile.

oualiatambi. Perdre son sang-froid. Faire appercevoir sur son visage qu'on est en colere ou fâché.

oualiame fouliame kamambi. Interroger quelqu'un sur toute autre chose que sur le crime dont il est accusé. Relâcher un criminel sans le punir. C'est en bonne part.

oualou. Ulcere considérable qui n'a point de nom. Furoncle très gros.

ouame abalambi. Chasser en automne.

ouatchan. La partie de la cuirasse qui garantit l'aisselle.

ouatchihia. Ordonner de finir, de terminer une affaire. (Impératif du verbe suivant.)

ouatchihiambi. Finir une chose, une affaire, etc.

ouatchihiaboumbi. Ordonner de finir, de terminer.

ouatchiha. Cela est fini. Cette affaire est terminée.

ouatchihiame. Tout, sans exception, etc. On dit aussi *piretei*, *kemou*, et *yoni*.

ouatchima. Fin de quelque chose, d'une affaire.

ouatchitala. Jusqu'à la fin. Jusqu'au bout.

ouatchimbi. Finir, achever, terminer une affaire, quelque chose que ce soit.

ouatchingala. Sur la fin de cette affaire. Presque à la fin.

oualien kemin. Employer tout ce qu'on a, sans rien réserver pour l'avenir. On dit alors *oualien kemin i paitalambi.*

ouatchikini. Soit. Comme il vous plaira. On dit aussi *okini.*

ouahia. Ordonner de soutenir par dessous l'aisselle. (Impératif du verbe suivant.)

ouahiambi. Soutenir quelqu'un par dessous l'aisselle lorsqu'il est foible, qu'il ne sauroit ni marcher ni se soutenir tout seul.

ouahiaboumbi. Ordonner de soutenir par dessous l'aisselle.

ouahiahapi. Marcher étant soutenu par quelqu'un.

ouarambi. Oter de dedans le pot la viande, par exemple, qu'on fait bouillir.

ouaraboumbi. Ordonner d'ôter de dedans le pot la viande qui a assez bouilli.

ouaroukapi. Cette viande commence à se corrompre, elle pue.

OUAI

ⱪᵒ ⱨⱨ ⱪⱨ. *ouai sere herguen.*

ⱪᵒ. *ouai.* Qui n'est pas droit, tortueux. On dit encore ⱪⱨ ⱪᵒ. *kotcho ouai*, et ⱨⱨⱪ. *moutanga.*

ⱪⱨⱪ. *ouaihou.* Qui est contre la raison ou les mœurs.

ⱪⱨⱪⱨ. *ouaihoutambi.* Agir contre la raison, ou les mœurs, ou l'usage.

ⱪⱨⱪⱨ. *ouaihounga.* Qui agit contre la raison, l'usage ou les mœurs.

ⱪⱨⱪⱨ. *ouainahapi.* C'est un terme de chasse, pour dire : La bête s'est détournée, elle a pris un chemin de traverse.

ⱪᵒ ⱨⱨ. *ouai seme.* Avoir le corps courbé par la fatigue ; comme lorsqu'on ne sait quelle contenance tenir.

ⱪⱨ. *ouaita.* Ordonner de prendre de l'eau dans un vase avec une cuiller. Ordonner de prendre quelque chose avec une cuiller, etc. (Impératif du verbe suivant.)

ⱪⱨⱨ. *ouaitambi.* Puiser avec une cuiller quelque chose.

ⱪⱨⱨ. *ouaitaboumbi.* Ordonner de puiser, de prendre avec une cuiller, etc.

ⱪⱨⱨ. *ouaitanambi.* Aller prendre de l'eau, etc., avec une cuiller.

ⱪⱨⱨ. *ouaitantchimbi.* Venir prendre, puiser avec une cuiller, etc.

ouaitanoumbi. Lorsque chacun puise ou prend avec une cuiller, etc.

ouaitoukou. Espece de cuiller ou vase à prendre de l'eau, etc., qui a un manche.

ouaikou. De travers. Qui n'est pas droit. On dit aussi *ouaikou taikou*, et *ouaikou taikou.*

ouaikourambi. Être de travers.

ouaikouraboumbi. Ordonner d'être de travers.

ouaikourchambi. Marcher en zigzag, comme ceux qui portent un poids qui les fait marcher en *S*.

ouaikourahangue. Qui est de travers. Qui s'est déjeté.

ouar sere herguen.

ouar. Bruit des crapauds. Cri des grenouilles et des crapauds.

ouar ir. Cri des grenouilles, crapauds, raines, etc.

ouarta. Ordonner de nager. Ordonner d'ôter la terre d'un endroit, de creuser. (Impératif du verbe suivant.)

ouartambi. Nager. Creuser la terre. Faire un creux.

ouartaboumbi. Ordonner de nager, de creuser, de faire un creux en terre.

ᡠᠠᡵᡨᠠᠮᡝ ᠺᠠᡳᠰᡠ. *ouartame kaisou.* Faire un creux. Creuser. On dit aussi ᡠᠠᡵᡨᠠᠮᠪᡳ. *ouartambi.*

ᡠᠠᡵᡨᠠᠴᠠᠮᠪᡳ. *ouartachambi.* Y aller des pieds et des mains en faisant quelque chose.

ᡠᠠᡵᡤᡳ ᠨᠠᡥᠠᠨ. *ouargui nahan. Kang* ou lit à la chinoise, qui est du côté de l'ouest.

ᡠᠠᡵᡤᡳ. *ouargui.* (*Toung* en chinois.) L'ouest. Le côté de l'ouest.

ᡠᠠᠨ ᠰᡝᡵᡝ ᡥᡝᡵᡤᡠᡝᠨ. *ouan sere herguen.*

ᡠᠠᠨ. *ouan.* Échelle.

ᡠᠠᠨᡨᠠᡥᠠ. *ouantaha.* Nom d'une espèce de bois dont les feuilles sont plates; c'est une espèce de sapin : il y en a dont le bois est très tendre et léger ; il y en a d'autres qui ont le bois plus dur, suivant le lieu d'où on les tire.

ᡠᠠᠨᡩᠣᡠᠮᠪᡳ. *ouandoumbi.* Tuer. Lorsque plusieurs personnes tuent des animaux.

ᡠᠠᠨᠴᡳ. *ouantchi.* Lieu où il y a des eaux qui ne coulent point et qui sont à l'abri de la gelée, où il y a des poissons, des grenouilles, etc.

ᡠᠠᠨᠴᠠᡵᠠᠮᠪᡳ. *ouantcharambi.* Parler par détours. Ne pas dire clairement ce qu'on veut.

ᡠᠠᠩ ᠰᡝᡵᡝ ᡥᡝᡵᡤᡠᡝᠨ. *ouang sere herguen.*

ᡠᠠᠩ. *ouang.* Régulo. (*Ouang* en chinois.)

ᡠᠠᠩᠨᠠᠮᠪᡳ. *ouangnambi.* Border, ou mettre une bordure de fil d'or autour des mules des femmes. On dit aussi ᠴᡝᠣᡠᠯᡝᠮᠪᡳ. *cheoulembi.* Broder des souliers.

ᡠᠠᠩᠨᠠᡥᠠ ᠰᠠᠪᡠ. *ouangnaha sabou.* Pantoufles brodées.

ouanga. Nom d'un oiseau aquatique qui ressemble à celui qu'on appelle *saipihan*, et qui a le bec fin.

ouanga changa. Cela se dit des malades qui ont perdu toute connoissance. Alors on dit *ouanga changa oho.*

ouanghia. Ordonner de sentir. (Impératif du verbe suivant.)

ouangkiambi. Sentir une bonne ou une mauvaise odeur.

ouangkiaboumbi. Ordonner de sentir.

ouangkiachambi. Sentir. Flairer.

ouangkianahapi. Avoir le nez bouché, et ne pouvoir sentir. Avoir le nez qui coule à cause d'un rhume de cerveau, par exemple.

ouak sere herguen.

ouakchan. Grenouille, ou plutôt crapaud.

ouakchan pourha. Espece de caisse faite de branches de saule.

ouaktchahoun oho. Il est devenu ventru. Son ventre est gros de graisse, etc. Cela se dit aussi des chevaux, etc., qui, après avoir mangé, ont le ventre gros.

ouaktchanahapi. Il est devenu ventru. Il a le ventre gros comme les chevaux, les bœufs qui ont mangé du foin, etc. On dit aussi *ouaktchahoun.* Ventru.

ouaktchahoun. Homme qui a le ventre gros et qui descend. On dit aussi ⵀⴻⵍⵉ ⵓⴰⴽⵜⵛⴰⵀⵓⵏ, *heveli ouaktchahoun.*

oual sere herguen.

oualguia. Ordonner de faire sécher au soleil quelque chose, de faire sécher quelque chose. (Impératif du verbe suivant.)

oualguiambi. Faire sécher au soleil quelque chose. Faire sécher quelque chose.

oualguiaboumbi. Ordonner de faire sécher.

ouam sere herguen.

ouambi. Tuer avec une épée, avec une fleche, etc.

oue sere herguen.

oue. Qui? Quel homme? On dit aussi ⵓⴻ ⵢⴰ, *oue ya.*

oueniembi. Faire fondre de l'or, de l'argent, etc. Faire fondre le fer se dit ⵛⴰⵔⵉⵎⴱⵉ, *charimbi.*

ouenieboumbi. Ordonner de faire fondre.

ouejembi. Cela se dit lorsque l'empereur va à son palais. Monter sur un lieu élevé. Monter d'un grade inférieur à un grade supérieur.

ouejenambi. Aller monter sur quelque lieu élevé.

ouejehoun. Précieux. Élevé. Haut. En haut. Au-dessus.

𝆏. *ouetche.* Ordonner de sacrifier. (Impératif de 𝆏. *ouetchembi.*)

𝆏. *ouetchen.* Sacrifice du premier ordre.

𝆏. *oueshoun ni hontoho.* La partie du mois ou de la lune, depuis le 7 jusqu'au 22.

𝆏. *ouejehouleboumbi.* Ordonner de traiter avec honneur, de faire honneur, d'honorer. Être honoré. Être traité avec honneur.

𝆏. *ouejehoulembi.* Honorer quelqu'un, le traiter avec honneur. Regarder en haut. Respecter son pere et sa mere. Avoir une attention spéciale pour une chose, la regarder comme précieuse.

𝆏. *ouetchen tchoukten.* Sacrifices du premier et du second ordre.

𝆏. *ouejemboumbi.* Présenter une supplique à l'empereur. Parler à l'empereur. Ordonner de monter. Faire monter un mandarin d'un grade inférieur à un grade supérieur. Cela se dit aussi des vignes et autres plantes rampantes qui montent.

𝆏. *ouetchere tchouktere.* Offrir des sacrifices.

𝆏. *ouechen.* Nom d'une espece de filet à prendre les cerfs, les lievres, etc. : il y en a de grands et de petits. On dit encore 𝆏, *asou ouechen*, et 𝆏, *ile.*

𝆏. *ouetchekou.* Le maître des esprits. Celui auquel on sacrifie dans l'enceinte des maisons.

OUEHE 231

ᎦᎠᎨᎾ ᎭᎵᎲᎦᎭᎥ. *ouetchekou y sentehen.* Table ou planche sur laquelle on sacrifie à l'esprit.

ᎦᎠᎨ ᎭᏍᏴ. *ouetchekou soko.* Esprit du ciel. Esprit de la terre.

ᎦᎠᎻᎠᏅ. *ouetchembi.* Offrir des sacrifices. Sacrifier. Évoquer les esprits.

ᎦᎠᏓᎻᎠᏅ. *ouetcheboumbi.* Ordonner d'évoquer les esprits, de sacrifier.

ᎦᏪᎥ. *ouete.* A qui? Par qui? De qui? (Datif et ablatif de ᎦᎥ. *oue.*)

ᎦᎠᏅ. *ouetchi.* Plus que qui? Par qui? (Ablatif de ᎦᎥ. *oue.*)

ᎦᎾᏅ. *ouebe.* Qui. (Accusatif de ᎦᎥ. *oue.*)

ᎦᎠᏅ. *ouetchi.* Forêts épaisses sur les montagnes longues de plusieurs lieues, de quelques dixaines ou quelques centaines de *ly*.

ᎦᎠᏅ ᎣᏅ. *ouetchi pa.* Lieu plein de forêts épaisses sur des montagnes où l'on ne voit point le soleil.

ᎦᎠᏅ ᎥᏅᎥ. *ouetchi ouna.* Nom d'une espece de fruit dont les feuilles sont jaunes et fines; sa racine est comme celle de la plante médicinale et caustique appellée *ngai.* Ce fruit est long d'une palme, et ressemble au *pou si kouo.*

ᎦᎣᏅ. *ouehe.* Pierre. (*Che* en chinois.)

ᎦᎣᏅ ᎠᏍᎭᎥ. *ouehe tapsoun.* Sel de pierre, ou sel en pierre. Ce sel se trouve sous les pierres.

ᎦᎣᏅ ᎲᎥ. *ouehe yaha.* Charbon de pierre, dont

les mines se trouvent aux pieds des montagnes.

༼༽ ༼༽. *ouehe y king.* King de pierre. Nom d'un instrument de musique qui donne un des huit sons de la nature.

༼༽ ༼༽. *ouehe alikou.* Meule de moulin.

༼༽ ༼༽. *ouehe mouhalien.* Pierre ronde dont les enfants se servent pour jouer. Boulette de pierre.

༼༽ ༼༽. *ouehe fielen.* Nom d'une espece de plante sauvage dont la racine est blanche, les feuilles d'un vert obscur, la tige tirant sur le rouge, les fleurs jaunes, les graines noires : on fait bouillir cette plante et on la mange.

༼༽ ༼༽. *ouehe selmin.* Foret à percer. Grand arc qu'on tend, et qui se débande tout seul par le moyen d'un secret.

༼༽. *ouehengue.* Qui est de pierre.

༼༽ ༼༽. *ouehe levou.* Nom d'une espece d'ours qui se tient pendant l'hiver dans les creux des rochers; il a le jabot et la poitrine d'un poil blanc.

༼༽. *ouehiembi.* Aider quelqu'un dans quelque chose qu'il ne sauroit faire, etc., l'aider de ses conseils, de son argent, etc., etc.

༼༽. *oueke.* Maniere d'appeller quelqu'un dont on a oublié le nom. Maniere dont on appelle les gens d'en bas; comme on diroit chez nous : Un tel ; ou bien : Garçon; ou bien : L'homme.

𓏤𓏤𓏤, *ouehieboumbi.* Ordonner d'aider, de secourir quelqu'un.

𓏤𓏤𓏤, *ouchiendoumbi.* Lorsqu'on aide en commun, lorsqu'en commun on donne du secours à quelqu'un. On dit encore 𓏤𓏤𓏤, *ouehienoumbi.*

𓏤𓏤𓏤, *ouere.* Ordonner de mettre quelque chose dans la glace pendant les grandes chaleurs, de peur qu'il ne se corrompe. Ordonner de laver le riz dans de l'eau pour que les immondices aillent au fond. (Impératif du verbe suivant.)

𓏤𓏤𓏤, *ouerembi.* Tamiser du riz pour le purger de ses immondices. Tamiser de la terre de mine ou du sable pour en tirer l'or ou le métal qui s'y trouve. Mettre des fruits ou de la viande dans la glace pour les préserver de corruption en été.

𓏤𓏤𓏤, *ouereboumbi.* Ordonner de tamiser. Ordonner de mettre dans la glace.

𓏤𓏤𓏤, *ouerechembi.* S'informer de quelqu'un, de quelque chose.

𓏤𓏤𓏤, *ouerecheboumbi.* Ordonner à quelqu'un de s'informer.

𓏤𓏤𓏤, *ouerenehe.* Arbre dont le tronc a été rongé par les vers, etc.

𓏤𓏤𓏤, *oueren.* Trémoussement de l'eau lorsqu'il fait du vent. Rides de l'eau. Le rond qui est en dedans des bonnets d'été. Flots de la mer, et métaphoriquement disputes. Rond ou bourrelet qui est autour de la peau des tambours. Rond qui est au-dessus des seaux faits de branches d'osier. Bord des bonnets d'été.

ⴰⵓⴻⵔⵉⵎⴱⵉ, *ouerimbi*. Laisser. Ne pas prendre.

ⴰⵓⴻⵔⵉ, *oueri*. Ordonner de laisser, de ne pas prendre d'autrui, etc. (Impératif du verbe précédent.)

ⴰⵓⴻⵔⵉ ⵢ ⵜⵛⴰⴽⴰ, *oueri y tchaka*. Les choses d'autrui.

ⴰⵓⴻⵔⵉⴱⵓⵎⴱⵉ, *oueriboumbi*. Ordonner de laisser.

ⴰⵓⴻⵔⵉ ⵏⵉⴰⵍⵎⴰ, *oueri nialma*. Autrui. Le prochain.

ⴰⵓⴻⵔⵉⵏⴳⵓⴻ, *oueringue*. D'autrui. Du prochain. On dit aussi ⴰⵓⴻⵔⵉⴰⵏⴳⵓⴻ, *oueriangue*.

ⴰⵓⴻⵏⴻⵎⴱⵉ, *ouenembi*. S'affaisser. Se fondre. Se dégeler.

ⴰⵓⴻⵉ ⵙⴻⵔⴻ ⵀⴻⵔⴳⵓⴻⵏ, *ouei sere herguen*.

ⴰⵓⴻⵉ, *ouei*. Nom d'une petite mesure. Nom d'un poisson. (ⴰⵙⵓⴽⵉ ⴰⵓⴻⵉ ⴰⴽⵓ, *asouki ouei akou*. Il n'y a pas le moindre petit bruit. Exemple oublié à l'article de ⴰⵙⵓⴽⵉ ⴰⴽⵓ, *asouki akou*.)

ⴰⵓⴻⵉⵏⴳⵓⴻ, *oueingue*. De qui?

ⴰⵓⴻⵉⵍⴻ, *oueile*. Crime. Affaire.

ⴰⵓⴻⵉⵍⴻ ⵜⴰⴽⵙⴰ, *oueile taksa*. Crime. Faute. On dit aussi simplement ⴰⵓⴻⵉⵍⴻ, *oueile*.

ⴰⵓⴻⵉⵍⴻⵎⴱⵉ, *oueilembi*. Faire travailler. Faire une affaire, etc.

ⴰⵓⴻⵉⵍⴻⵏⴰⵎⴱⵉ, *oueilenambi*. Aller faire. Aller travailler.

ⴰⵓⴻⵉⵍⴻⴱⵓⵎⴱⵉ, *oueileboumbi*. Ordonner de faire, de travailler. Exiler quelqu'un d'un lieu à un autre dans sa propre province.

𗀀 𗀀𗀀𗀀, *oueileboure oueile.* Crime d'exil.

𗀀𗀀, *oueilen.* Travail. Action.

𗀀𗀀𗀀, *oueilentchimbi.* Venir faire. Venir travailler.

𗀀𗀀𗀀, *oueilendoumbi.* Lorsque le commun fait travailler. On dit aussi 𗀀𗀀𗀀, *oueilenoumbi.*

𗀀𗀀𗀀, *oueilengue.* Criminel. On dit encore 𗀀𗀀𗀀 𗀀𗀀, *oueilengue nialma.*

𗀀𗀀𗀀, *oueiloumbi.* Faire de son chef quelque chose. Travailler en cachette.

𗀀𗀀 𗀀𗀀𗀀, *oueile peitembi.* Juger une affaire.

𗀀𗀀𗀀, *oueitchoumbi.* Vivre. Revivre.

𗀀𗀀𗀀, *oueitchouboumbi.* Faire vivre. Faire revivre.

𗀀𗀀, *oueitchoun.* Pincettes. Pinces pour prendre les charbons. Tenailles. Les serres des fourmis ou les tenailles des fourmis. Le bec de l'oiseau aquatique appellé *lao kouan* en chinois. Cet oiseau ressemble à la cycogne, à cela près qu'il n'a point de crête rouge sur la tête. Il est fort haut, de couleur de cendre; il a le bec rouge, la queue et le reste du corps blancs. Il y en a une autre espece dont le corps est tout noir.

𗀀𗀀, *oueihe.* Dents. Cornes des bœufs. Cornes ou défenses des autres animaux.

𗀀𗀀 𗀀𗀀𗀀, *oueihe tcherekepi.* Les dents se sont serrées comme celles d'un malade qui est à l'extrémité.

𗀀𗀀 𗀀𗀀𗀀, *oueihe tasakou.* Cure-dent, ou,

pour mieux dire, vergette à nettoyer les dents.

oueihe hatambi. Mettre de la corne de bœuf sur un arc nouvellement fait.

oueihoun ningue. Qui est vivant.

oueihoukeleboumbi. Être moqué par quelqu'un. Être le sujet de la moquerie de quelqu'un.

oueihe tchoumbi. Serrer les dents comme un malade qui est à l'extrémité. On dit aussi *tchoungue.*

oueihe ilha. Fleurs des dents; c'est la salive épaissie qui s'amasse sur les dents, ou l'espece de tartre des dents.

oueihe tchaka. L'entre-deux des dents. La séparation des dents.

oueihengue. Qui a des cornes. Qui a des dents.

oueihou. Petite embarquation faite d'un tronc d'arbre qu'on a creusé.

oueihoun. Vif. Vivant. Cela se dit des animaux.

oueihouken. Léger; opposé à pesant. Traiter quelqu'un sans respect, etc.

oueihouken fourtche. Habit de peau très léger.

oueihoukelembi. Traiter quelqu'un très cavalièrement, ne pas lui rendre les honneurs qu'on lui doit, etc.

ouer sere herguen.

OUEN

ᴄ̃ᴍ ᴄ̃ᴍ, *ouer ouer.* Cri de ceux qui appellent quelque animal domestique.

ouerteme tafambi. Monter quelque part, par le moyen d'une corde qu'on a attachée en haut.

ouen sere herguen.

ouen. Échancrure qui est aux deux bouts de l'arc pour arrêter la corde. Échancrure du bout du manche de la fleche. Changement en bien.

ouen teboumbi. Mettre sur la corde de l'arc le manche de la fleche par l'échancrure.

ouen fetembi. Échancrer. Faire une échancrure à l'arc, au bois de la fleche.

ouenterhen. Nom d'une espece d'oiseau qui a toutes sortes de ramages : on l'appelle en chinois *tsing choui ouolan*, et c'est lorsqu'il a des plumes en forme de casque; quand il n'a pas de casque, on l'appelle *ma tsiao* en chinois.

ouentcheou. Nom d'une espece d'étoffe de soie. (*Ouen tcheou* en chinois.)

ouen tchang. Piece d'éloquence. (*Ouen tchang* en chinois.)

ouentche. Thé sauvage dont les feuilles servent à teindre en noir. On l'appelle encore *poutouhou*; ses feuilles ressemblent à celles du *molo mo*, elles sont un peu plus grandes.

ouentcheboumbi. Ordonner de faire un peu chauffer, de faire tiédir.

ouentche. (Impératif de ᘂᘂᘂ. *ouentchembi.*) Ordonner de faire chauffer, de faire tiédir de l'eau, du bouillon, etc. Nom d'une espece de plante qui donne des fleurs bleues en hiver après qu'il est tombé de la gelée blanche.

ouentchehe. Gris. A demi ivre.

ouentere. Changement en bien.

ouentchembi. Faire tiédir de l'eau, chauffer des choses à manger. Avoir le corps tout moite, tout chaud, etc. Lorsqu'on est malade, s'enivrer à demi.

ouentchentouhe. Il est à demi ivre. Lorsque plusieurs sont à demi ivres.

ouentchehepi. Il est essoufflé. Cela se dit des chevaux qui, après avoir galopé, respirent plus difficilement. Il est à demi ivre.

ouentchehoun. Abondance de divertissemens, comme dans la maison des riches. Choses d'état et de plaisir. Plaisir bruyant, comme celui des foires où l'on voit toutes sortes de choses. Royaume où l'abondance regne, où le peuple est nombreux. Abondance. Splendeur. Éclat.

ouentchen toholon. Un peu boiteux. Cela se dit des bêtes de somme qui boitent d'abord, et qui, après avoir marché quelque temps, ne boitent plus.

oueng sere herguen.

ouenke. Neige fondue. Il s'est gâté. Cela se dit de ceux qui, étant vertueux, deviennent vicieux.

OUEM

༆༄༅, ouek sere herguen.

༆༄, ouektche. Nom d'un instrument à faire les étoffes de soie. Petit bâtonnet qui empêche les fils de soie de se mêler, et qui est au bout de cet instrument.

༆༄, ouektchi. Son ou pellicule des grains.

༆༄, ouektchimbi. Ourdir de la toile. Faire une étoffe de soie en jetant la navette transversalement.

༆༄ ༄, ouektchi ara. Son ou peau des grains; c'est la deuxieme peau.

༆༄, ouektchiboumbi. Ordonner d'ourdir de la toile, etc.

༆༄ ༄, ouektchire sirgue. Peloton de soie dévidée.

༆༄ ༄, ouel sere herguen.

༆༄, ouelmiekou. Canne à pêcher : c'est le nom général de l'instrument qui sert à pêcher à la ligne.

༆༄, ouelmiembi. Pêcher à la ligne.

༆༄, ouelmieboumbi. Ordonner de pêcher à la ligne.

༆༄ ༄, ouem sere herguen.

༆༄, ouembi. Instruire quelqu'un, le faire changer de mal en bien. Fondre; comme lorsque la glace fond, etc.

༆༄, ouembi. Changer en bien. Se corriger de ses défauts.

ⲟⲩⲉⲙⲃⲟⲙⲃⲓ. *ouemboumbi*. Changer de mal en bien. Changer ses mauvaises inclinations. Se corriger. Fondre du métal au feu, etc.

Fin du Dictionnaire

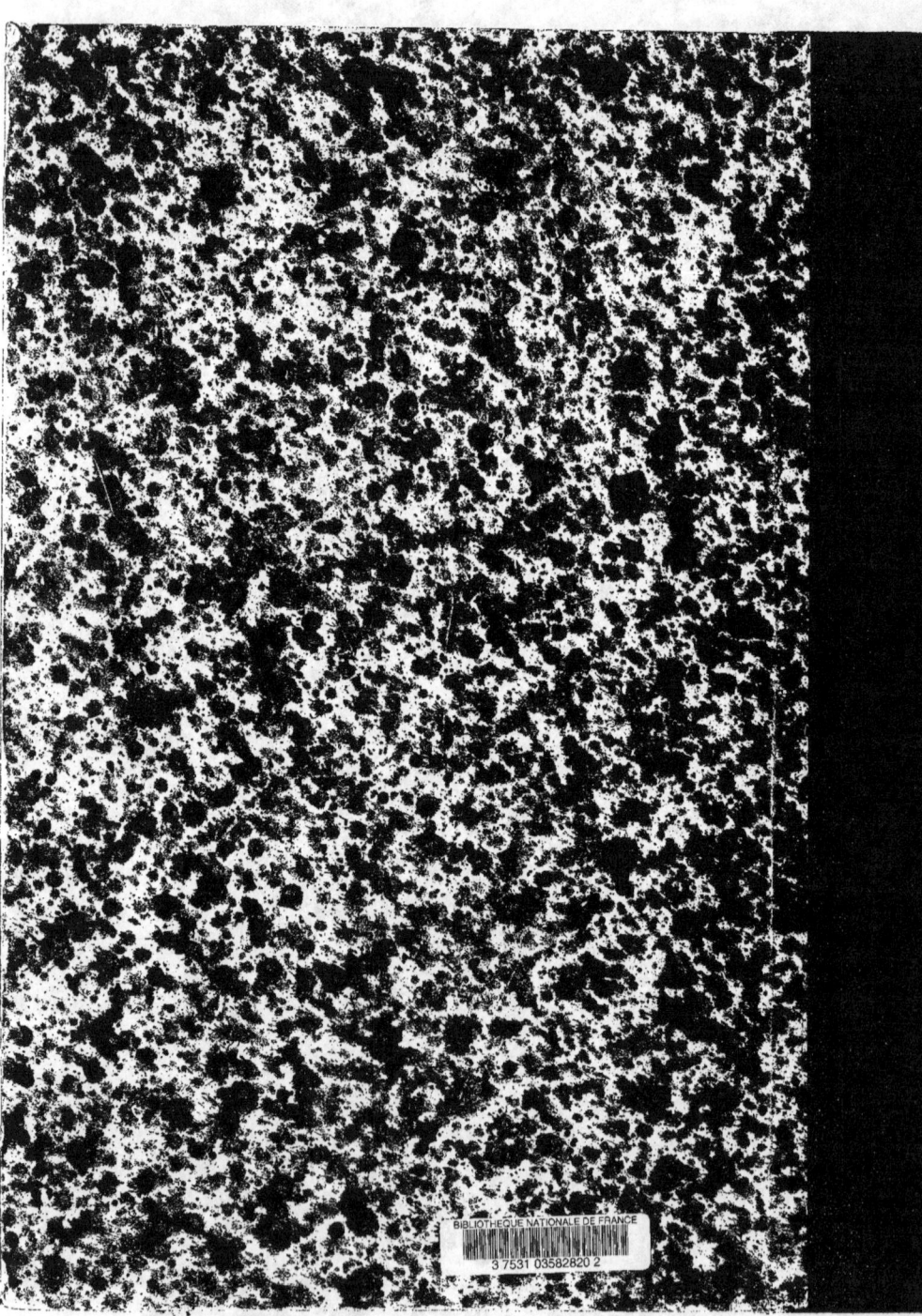

www.ingramcontent.com/pod-product-compliance
Lightning Source LLC
Chambersburg PA
CBHW050331170426
43200CB00009BA/1544